NEUTOR

Manfred Sundermann

Dessauer Vorträge
abseits vom Architekturlärm

Bibliographische Informationen der Deutschen Nationalbibliothek: Die Deutsche Nationalbibliothek verzeichnet diese Publikation in der Deutschen Nationalbibliothek; detaillierte bibliografische Daten sind im Internet über http.//dnb.d-nb.de abrufbar.

Manfred Sundermann:
Dessauer Vorträge - abseits vom Architekturlärm
© 2021 Manfred Sundermann
Konzeption und Bearbeitung: Neutor – Münster

© 2021
Herstellung und Verlag:
BoD – Books on Demand, Norderstedt
ISBN 978-3-752-68363-9

Inhalt

Vorbemerkung

Die „Dessauer Vorträge" sind 5 Essays über das Bauen und die Baukunst aus dem letzten Jahrzehnt des letzten Jahrhunderts. Ihre Inhalte und Gedanken entstanden nach der Wende abseits des Architekturlärms um das historische Bauhaus in der gebeutelten Stadt Dessau mit ihrer eindrücklichen Kulturlandschaft zwischen Elbe und Mulde. Der Untertitel Abseits vom Architekturlärm stammt aus 1947 von Alfons Leitl und heißt vollständig: ... abseits vom Architekturlärm des Dritten Reiches. Schließlich war Dessau einmal Gauhauhauptstadt. Darüber ist im Essay „Mechanische Stadt?" einiges zu erfahren. Er eröffnet die Essaysammlung. Sie stellt aus verschiedener Sicht Fragen nach der Geschichte und Zukunft von Baukunst und Stadt. Im Rückblick nach vorn erörtert sie im Spannungsfeld von Zerstören und Wiederbauen nicht zuletzt auch ein Bewahren und Sichern einer scheinbar vergangenen Lebenswelt.

Manfred Sundermann,
Münster im April 2021

1

<hr />

¹ Foto vom 20. April 2011: Blick von Süden auf das 1976 rekonstruierte und 2006 restaurierte, historische Bauhausgebäude 1925-1926 in Dessau an der Gropiusallee von Walter Gropius mit Carl Fieger errichtet; seit 1994 Sitz der Stiftung Bauhaus Dessau; vorne der ehemalige Werkstattflügel, hinten links das ehemalige Schulgebäude, in dem die Hochschule Anhalt 1992 am Standort Dessau gegründet wurde und hinten rechts der ehemalige Atelier- und Wohntrakt der Bauhausstudenten und Jungmeister, heute das Gästehaus der Stiftung Bauhaus Dessau.

Mechanische Stadt?

Dessau war Residenzstadt und ist es nicht mehr. Dessau war die Bauhausstadt und ist es nicht mehr. Dessau war die Junkers Stadt und ist es nicht mehr. Dessau war eine Industriestadt und ist es nicht mehr. Streichen wir wieder die Wörter Residenz, Bauhaus, Junkers und Industrie, dann steht das Wort Stadt wieder für sich allein. Was hinterlassen Residenz, Bauhaus, Junkers und Industrie für eine Stadt? Die Einwohnerzahl Dessaus sinkt und wird aller Voraussage nach wieder ihren Stand von 1920 erreichen: ca. 60.000. Es gibt kaum noch Industrie und Arbeit in der Stadt. Die in der Industrie arbeiteten, gingen fort. Was hat sich geändert? Unser Verständnis von Stadt kaum, es ist heute immer noch ein mechanisches. Trotz aller Übermalungen sehen wir in ihr eine Maschine, und unsere Städte sind tatsächlich durch Maschinen, Apparate und Automaten geprägt – vom Haushalt über die Automobile, die Eisenbahn und die Stadtwerke hin zur digitalen Elektronik der Rechner. Deswegen sprechen wir hier von der mechanischen Stadt: Sie meint diese Apparate und Maschinen, mit denen wir zusammenleben und unser urbanes Leben führen. Hugo Junkers (1859-1935) hat daran seinen Anteil. Das Wirken dieses Ingenieurs und Industriellen mit der Frage nach der mechanischen Stadt zu verbinden, erscheint uns aus zweierlei Gründen nicht abwegig: zum einen verändern seine bahnbrechenden Erfindungen das Haus-, Bau- und Stadtwesen, zum anderen unterhält er in seinem Unternehmen eine Bauabteilung und entwickelt serielle Metallhäuser, um den neuen Werkstoff Metall, den er gegen alle Widerstände und mit Erfolg im Flugzeugbau einsetzt, auch im Bauwesen durchzusetzen. Von der Bedeutung und dem Wirken des Hugo Junkers hat Dessau fast ein halbes Jahrhundert bis zum Krieg und Niedergang nach 1945 gelebt. Das alles ist Vergangenheit. Im Krieg stark zerstört, werden im Wiederaufbau der DDR-Spuren verwischt, Stadtgeschichte verdrängt und überbaut. Die Geschichte ist in dieser Stadt tot. Sie kann sie kaum noch vorweisen. Die Wende hat wenig geändert - im Gegenteil: Sie hat diese Geschichtslosigkeit verstärkt. Die Denkmalpflege hat kräftig mitgeholfen: Vieles nimmt Bezug auf die sogenannte Geschichte, worin sie tatsächlich besteht, das weiß keiner so recht. Diese Ratlosigkeit wird oft durch blinden Tatendrang ersetzt: der Plan wird erfüllt. Der Bedarf wird gedeckt, die Ver- und Entsorgung der Bevölkerung wird gesichert. Werden auch die Bedürfnisse des Menschen befriedigt? Die Mechanismen der verwalteten Stadt funktionieren immer noch gut. Technokratie und Bürokratie sind Auswüchse der Mechanik - Abbilder der Maschine und ihrer Ästhetik in Staat, Wirtschaft und Gesellschaft. Imre Kertész (1929) notiert für die Zeit nach 1939:

Albert Speers Erinnerungen. Ein Paradefall deutscher Schizophrenie. Sein Kampf für eine stärkere Verwendung von Frauen in der Kriegsindustrie. Sein Argument: daß Frauen in den angelsächsischen Staaten (...) in sehr viel größerem Umfang >verwendet< und beschäftigt würden. Ihm kommt überhaupt nicht in den Sinn, daß Denkweise und psychologische Situation in diesen freien Ländern grundlegend unterschieden sind von der Denkweise und der psychologischen Situation eines totalitären und aggressiven Staates, der das Individuum prinzipiell zertre-

ten und die individuelle Verantwortung total auf sich gezogen hat.(...) Der Totalitarismus (...) ist immer ideologisch: Während er mit staatlich organisierten, institutionalisierten Sadismus und legalisierten Raubmord gegen das Individuum vorgeht, vertritt er anderseits auf väterliche Weise die sozialen Interessen des auserwählten Volkes. Speer wurde von Hitler, Göring und Sauckel zurückgepfiffen. Stattdessen gab Sauckel eine Erklärung ab, daß man im Interesse der Gesundheit der deutschen Frauen und zur Schonung ihrer Kräfte 400 000 bis 500 000 Zwangsarbeiterinnen ins Reich liefern werde. Klar: In einer Situation, in der er noch nicht geschwächt ist, daß er seiner eigenen Logik und Natur zuwiderhandeln muss, kann dem Totalitarismus nur ein solches Verfahren logisch und praktikabel erscheinen. Speer jedoch hat das nicht im mindesten begriffen (...). Er wollte Kriegswirtschaft und Rüstungsindustrie gut führen, doch das Unverständnis des Führers und die Dummheit der nationalsozialistischen Parteispitze haben ihn daran gehindert. Die Lehre: Man hätte den nationalsozialistischen Krieg ohne die Nationalsozialisten viel besser führen und beenden können. All das ist für Speer völlig logisch, nicht widersprüchlich und - für ihn als Menschen, Deutschen und Ingenieur - zutiefst schmerzlich.[2] Entspricht es auch der technokratischen Logik, wenn Albert Speer (1904-1981), Architekt und deutscher Rüstungsminister des Weltkrieges 1933-1945, während seiner Verhöre im Mai 1945 durch das >>U. S. Strategic Bombing Survey<< darauf hofft, Wiederaufbauminister zu werden?[3] Als Rüstungsminister organisiert er die Kriegsindustrie und bereitet seit 1943 in seinem >>Arbeitsstab zum Wiederaufbau bombenzerstörter

---

[2] Imre Kertész: Das Galeerentagebuch, Berlin 1993, 49-50.
[3] Joachim Fest: Speer, Berlin 1999, 380.

Städte<< ihre Neuordnung vor.[4] So stellt W. G. Sebald (1944-2001) für die Zeit nach 1945 fest:

Der inzwischen bereits legendäre und, in einer Hinsicht, tatsächlich bewundernswerte deutsche Wiederaufbau, der, nach den von den Kriegsgegnern angerichteten Verwüstungen, einer in sukzessiven Phasen sich vollziehenden zweiten Liquidierung der eigenen Vorgeschichte gleichkam, unterband durch die geforderte Arbeitsleistung sowohl als durch die Schaffung eines neuen, gesichtslosen Wirklichkeit von vorneherein jegliche Rückerinnerung, richtete die Bevölkerung ausnahmslos auf die Zukunft aus und verpflichtete sie zum Schweigen über das, was ihr widerfahren war. [5]

Was soll aus Dessau werden? Häuser stehen leer. Wer sich mit dem Phänomen Geschichte beschäftigt, er-kennt bald, dass es letztlich nur Gegenwart gibt, ohne übersehen zu wollen, wie sich heute, gestern und morgen verweben. All das, was Dessau gestern - sozusagen jüngst noch – besaß, Glanz, Bedeutung und Weltruhm, ist heute verblasst. Dessau ist bis in die Wurzeln zerstört. Die ehemalige Residenz ist bis auf einen Flügel des Stadtschlosses verschwunden, die Industrie bis auf geringfügige Bestände. Hugo Junkers wurde aus der Stadt verbannt, das Bauhaus vertrieben. Das Bauhausgebäude ist als heute rekonstruiertes „Weltkulturerbe" mit integriertem Stiftungsbetrieb mehr ein Fall von unrechtmäßiger Aneignung und Erbschleicherei. Die 1932 aus der Stadt geworfene Schule erscheint plötzlich wieder auf der Bildfläche, alles scheint wieder

---

[4] Werner Durth: Deutsche Architekten, Braunschweig 1986.
[5] W. G. Sebald: Literatur und Luftkrieg, München/Wien 1999, 15

„gut" und wir fangen dort wieder an, wo wir einst aufgehört haben. Hier zeigen sich ein mechanisches Geschichtsbewusstsein und eine unmögliche Vergangenheitsbewältigung. Ist das Spuk oder vielleicht schon virtuell? "Aufstieg und Fall der Stadt Mahagoni" könnte es mit Berthold Brecht (1898-1956) und Kurt Weill (1900-1950) heißen. All das scheint uns bekannt zu sein: Mitte des 19. Jh. verändern neue Technologien und Industrien das Leben in Europa so grundlegend, dass wir wie von der französischen oder russischen Revolution von der „industriellen Revolution" sprechen. Die Maschinen erleichtern und ersetzen menschliche Arbeit. Ihre Mechanik beginnt den Alltag der Menschen, das Leben zu beeinflussen, bedingt und bestimmt Zeit und Raum. Der gewohnte menschliche Maßstab verschwimmt. Industrie und Wirtschaft setzen ungeheure Kräfte frei und sprengen alle bisher bekannten Bilder von Architektur und Stadt. Dieses wilde Wuchern kennt keine Kontrolle, jagt den Architekten Angst und Schrecken ein - den Ingenieuren und Unternehmern nicht; denn sie entwickeln die neuen Technologien, entwickeln und bauen die Maschinen. Sie sind die neuen Herren und beherrschen das Geschehen. Die gewohnten Bilder gehen verloren und sind zunehmend nicht mehr verfügbar. Die Architekten zeichnen Gegenbilder, Wege zurück in die heile Vergangenheit oder vorwärts in die glückliche Zukunft. Utopien und Visionen entstehen. Bild ist auch immer Glaubensbekenntnis und heute im Jahre 2002 sind mit dem Glauben auch die Bilder verschwunden, zerstört und aufgehoben. Es werden die alten „neuen Bilder" beschworen oder auseinandergebaut, dekonstruiert wie es im Architektenjargon heißt. Genau so wenig wie es uns gelingen wird, über unseren Schatten zu springen, scheint es uns möglich, den mechanischen Bann zu verlassen. Das mechanische Prinzip ist der anerkannte, unverzichtbare Grundsatz unserer menschlichen Existenz geworden. Wir haben das göttliche Prinzip trotz der Erkenntnis, dass die Maschine - deus ex machina – keinen Rückhalt bietet, aufgegeben. Die Maschinen sind weder erfinderisch noch schöpferisch. Sie kennen kein Erbarmen, keine Gnade, keinen Trost - obwohl sie uns wärmen, transportieren, für uns kochen, uns unterhalten, für uns arbeiten. Wir – und das sind auch unsere Ansiedlungen – sind von den Maschinen abhängig und werden auch von ihnen beherrscht.

Walter Gropius und sein Bauhaus treten in Dessau an, um Kunst und Technik zu versöhnen. Was ist gemeint? Versöhnen klingt immer gut und fordert keinen Widerspruch heraus. Dieser Anspruch setzt voraus, dass Kunst und Technik im Streit liegen. Worin besteht der Streit?

Um 1930 entwickelt Ludwig Hilberseimer (1885-1967) am Bauhaus Dessau mit seinen Studenten einen Plan für ein neues Dessau. Dieser Plan räumt mit dem alten Dessau auf, räumt und schafft es ab. Ludwig Hilberseimer will der chaotischen Industrieansiedlung Dessau eine neue, in sich logische Ordnung geben. Diesen Plan arbeitet er später in Chicago am Illionois Institute of Technology zum Siedlungsmodell aus. Mit diesem Plan entwickelt Ludwig Hilberseimer Grundlagen für eine Großsiedlung, wie wir sie erst aus der zweiten Hälfte des letzten Jahrhunderts kennen. Wohnen, Arbeiten, Erholung und Verkehr werden auf sehr einfache Weise in einer klaren kammartigen Bebauung zusammengefasst: Es gibt große gleichförmige Arbeitsstätten aller Art im Osten und niedrige Wohnstätten im Westen. Dieses neue Dessau erstreckt sich bandartig zwischen Fluss und Bahngleisen.

Hat Hugo Junkers diesen Plan vielleicht gekannt, beeinflusst oder kritisiert? Wir wissen es nicht. Ähnlich radikal und revolutionär wie Tony Garnier (1869-1948) Une Cité Industrielle und Le Corbusiers (1887-1965) Ville Contemporaine (Plan voisin) für Paris (1922) stellt auch Ludwig Hilberseimer mit diesem Plan Dessau, aber auch den zu seiner Zeit praktizierten Städte- und Siedlungsbau, grundsätzlich in Frage. Er legt das wahre Wesen der mechanischen Ansiedlung bloß, zeigt ihren Charakter, der durch Technik, Industrie, Verkehr und rasanten Fortschritt bestimmt ist: das alte Gefüge taugt nicht mehr. Es gibt keine kulturelle Entwicklung, es gibt nur technischen Fortschritt, es macht keinen Sinn mehr zu erneuern. Stadt als Gestalt und Begriff scheint überholt.[6] Ihre überlieferte Form bietet keine ausreichende Lebensgrundlage mehr. Vielleicht hätte Hugo Junkers dieser Vorschlag sehr gefallen. Dieser Plan stellt die bestehende Form der Stadt nicht nur in Frage, er bietet Ersatz und zeigt eine Maschine, einen Motor, dessen Teile mechanisch verbunden wirken.

Fritz Schumacher (1869-1947) schreibt 1926:

In unserer Zeit ist das Bauen besonders in den Großstädten zum großen Teil Sache eines mechanisch arbeitenden Unternehmertums geworden. Zinskästen und Fabrikschuppen aus den letzten fünfzig Jahren geben davon traurige Kunde. Diese Leis-

---

[6] Der Architekt und Kunsthistoriker Paul Zucker (1888-1971) entwickelt in dieser Zeit ein topografisches, auf die Landschaft bezogenes Verständnis von Stadt. Zucker, Paul: Entwicklung des Stadtbildes, Die Stadt als Form, Berlin 1929.

tungen, die offensichtlich unter dem Niveau ihrer eigenen Zeit stehen, haben mit Architektur ebenso wenig etwas zu tun, wie der Kolportageroman mit Literatur. Die Fragen, die mit ihnen zusammenhängen, bilden ein höchst wichtiges und interessantes Kapitel der Wirtschaftsgeschichte, nicht aber der Architekturgeschichte (...). [7] Und später - nach 1939 - stellt er fest:

Die große Aufgabe der Zeit war es, für eine neue Großmacht, die, eng verbunden mit neuen Formen des Verkehrs, im Leben der Menschheit auftrat, die baulichen Formen zu finden. Diese Großmacht war die Industrie, in deren Gefolge neue Konstruktionsmethoden, neue Materialbehandlungen, vor allem aber neue Organisationsformen des Lebens auftraten, die allem baulichen Denken neue Aufgaben stellten.

Diese Aufgaben verschoben sich auf völlig andere Gebiete als diejenigen, auf denen man bisher die ausschlaggebenden Leistungen suchte, es waren nicht Aufgaben der repräsentativen, sondern Aufgaben der zweckgebundenen und sozialen Architektur.

Mit der Entwicklung der Industrie hing das Wachsen der Städte eng zusammen. An den Hauptpunkten Deutschlands führte es im winzigen Zeitraum von zwei bis drei Jahrzehnten zur doppelten bis vierfachen Vergrößerung der wichtigsten deutschen Stadtgemeinden. Das bedeutet die Notwendigkeit, diese Menschenhäufung völlig neu zu ordnen. Es war eine Aufgabe, wie sie in diesem Ausmaß und mit dieser jähen Plötzlichkeit dem gestaltenden Menschen bis her noch nicht gestellt war. Die Ein-

---

[7] Schumacher / Thiersch / Bühlmann / Michel: Architektonische Komposition, Leipzig 1926, 5

richtungen des Verkehrs, der Versorgung mit den Elementen der täglichen Lebensnotdurft – der Arbeit, der Erholung, der Bildung und des Wohnens – mussten, um dem Massenbetrieb gerecht zu werden, im Sinne einer immer stärkeren Mechanisierung umgestaltet werden. (...) Das unverkennbare Anzeichen für die Ungelöstheit aller dieser neuen Anforderungen des Daseins war ein Fall der künstlerischen Erscheinung unserer Städte. Es war deshalb nicht verwunderlich, dass man den Keim der Krankheit zuerst suchte in einem künstlerischen Versagen und glaubte, sie vom Künstlerischen aus heilen zu können. [8]

Tony Garnier zeichnet in der Villa Medici als Rompreisträger (1899-1903) *Une Cité Industrielle* - ein Werk, das erst 1917 veröffentlicht wird [9] und nach Camillos Sitte (1843-1903), *Der Städtebau nach seinen künstlerischen Grundsätzen* (Wien 1889, Frankreich 1902) und Ebenezer Howard (1850-1928), *Tomorrow: A peaceful path to Real Reform* (England 1898, Frankreich 1902, Deutschland 1904) einen dritten Weg aufzeigt. Ihm gelingt es, Industrie und Stadt, Technik und Architektur, Gesellschaft und Wirtschaft nicht als unvereinbare Widersprüche, sondern als ausgeglichene Form zu sehen und darzustellen. Er gilt als Wegbereiter und Begründer der funktionalen Stadt. Seine Zeichnung bleibt Theorie. Er erklärt seinen Plan nur knapp und fasst seine Vision in folgendem, abschließenden Satz zusammen: *Dies ist in Kürze das Programm für die Gründung einer Stadt, in der es jedem bewusst ist, dass Arbeit das Gesetz des Menschen ist und dass die Vollkommenheit, die dem*

---

[8] Fritz Schumacher: Vom Städtebau zur Landesplanung und Fragen städtebaulicher Gestaltung, Tübingen 1951, S.9.
[9] Tony Garnier: Une Cité Industrielle, 191, Paris 1988, Tübingen 1989 (Tony Garnier, Die ideale Industriestadt).

Kult der Schönheit und des gegenseitigen Wohlwollens inne-
wohnt, durchaus genügt, um das Leben herrlich zu machen. [10]
Tony Garnier gleicht die Kräfte im technischen Gefüge der industriellen Stadt aus, ordnet sie zum Ganzen und führt uns ein
besseres, im Sinne der antiken Tradition gutes Leben vor Augen als wolle er uns nahe legen zu erkennen, dass wir Menschen arbeiten, um gut zu leben, und nicht nur für die Arbeit
leben. Und er zeichnet eine gute, bessere Stadt. Wir wissen
nicht, ob Fritz Schumacher das Planwerk Tony Garniers oder
Ludwig Hilberseimers oder Ludwig Hilberseimer den Stadtent-
wurf Tony Garniers kennt, als er den Plan für Dessau entwickelt. Beide Vorschläge werden wenig beachtet und finden wenig Gefallen. So schreibt Julius Posener (1904-1996) über Tony
Garnier:

Ein schönes Programm − aber anstrengend: ich sagte schon,
dass keiner dort einen eigenen Garten hat. Da ziehe ich Howa-
rds Gartenstadt vor und sogar die Industriedörfer solcher Un-
ternehmer wie Cadbury. Der eigene Garten trägt viel zur Le-
bensfreude arbeitender Menschen bei, abgesehen davon, dass
man dort Gemüse anbauen kann. Ich finde in seinem Plan auch
keine Läden. Und ob es wirklich eines arbeitenden Menschen
Wunsch ist, ständig in den großen Auditorien sich zu bilden,
sich geistig zu bereichern, sich zu idealisieren, weiß ich auch
nicht so recht. [11]

Julius Posener bekennt sich hier zur Gartenstadt − sowie er
auch den Architekten Hermann Muthesius (1861-1927) schätz-
te, Ludwig Mies van der Rohe (1886-1969) weniger und als

---

[10] ebd., Tübingen 1989, S.18
[11] ebd., Tübingen 1989, 8

Schüler des Hans Poelzig (1869-1936) auch seine Schwierigkeiten mit dem Bauhaus Dessau hatte - wie die meisten: die Wohn- und Werksiedlungen der alten Industriestadt sind Beispiele der deutschen Gartenstadtbewegung nach dem Motto: Man lebe in der Stadt wie auf dem Lande. Was auch für die Bauhaussiedlung Törten gilt, die Walter Gropius (1883-1969) als halbländliche Siedlung zusammen mit dem Gartenarchitekt Leberecht Migge (1864-1935), dem Verfasser des grünen Manifestes,[12] entwickelt.

Der Plan Hilberseimers ist schlüssig, mutig, ehrlich, ernsthaft, leidenschaftlich kühl, beängstigend und erhaben zugleich. Er ist theoretisch, konkret, utopisch. Aber ist dies nicht das Wesen der Technik? Rudolf Schwarz spricht von den Gefahren der Technik:

Wo rationalistische Weltanschauung den Ausblick sperrt, gilt es umzudenken.[13]

Hilberseimer bricht mit der Tradition der europäischen Stadt des 19. Jahrhunderts. Stadt ist mehr als ein verschlissener Flickenteppich aus Parkanlagen, Repräsentations-, Fabrik und Wohnbauten. Dieses Siedlungsgebilde zeigt nicht hier und dort Technik: Es ist in sich technisch und mechanisch gebaut ganz Maschine. Er ist rational wie der Plan für Arc-et-Senans von Claude Nicolas Ledoux (1736-1806), der eine Saline als kreisförmige Ansiedlung mit Wohnstätten um eine grüne Mitte ent-

---

[12] Leberecht Migge: Das grüne Manifest, Siedlungs-Wirtschaft, Jahrg.IV.Nr.3 März 1926
[13] Rudolf Schwarz: Wegweisung der Technik, Potsdam 1929. Ders., Hg. Ulrich Conrads, u.a.: Wegweisung der Technik und andere Schriften, Braunschweig, Wiesbaden 1979

wirft und in Teilen realisiert. Hier liegen die wahren Quellen der Inspiration für einen Howard, Garnier oder Hilberseimer, hier finden wir die Grundlagen der neuen bürgerlichen Stadtanlage. In Vision und Utopie zeigt der Plan Hilberseimers auch Bezüge zum Werk von Antonio Sant'Ellia (188-1916) und italienischen Futurismus.

Die technische Vision Hilberseimers ist nicht umzusetzen und wird bis heute wenig beachtet, ganz anders als die Pläne zur neuen Bauhaussiedlung in Dessau-Törten von Walter Gropius. Leo Adler (1891-1962), Architekt und Schriftleiter von Wasmuths Lexikon der Baukunst (Bd.I-IV, Berlin 1929-1931) unterscheidet zwischen Fortschritt und Entwicklung: *Technik bringt Fortschritt, Kunst entwickelt sich.* Für Leo Adler umfasst die Architektur *ein Gebiet zwischen Technik, Wirtschaft und Kunst. Der physisch-praktische Zweck der Baukunst wird erfüllt durch die Technik (...) und das Kennzeichen des Fortschrittes auf diesem Gebiete ist wie in aller Technik die Verbesserung des Umsatzverhältnisses zwischen dem von der Natur gebotenen Material und dem für menschliche Bedürfnisse erzielten Nutzen. Soweit wir technische Probleme im Auge behalten, dürfen wir in der Tat von einem Fortschritt in der Architektur reden. (...)Es ist auffallend, dass gerade auf dem Gebiete der Baukonstruktion die Fortschritte in keinem Verhältnis zu den Fortschritten auf anderen technischen Gebieten stehen. Während diese in letzten Jahrzehnten fast durchweg Umwälzungen in allergrößtem Maße aufweisen, zeichnet sich das Gebiet der Bautechnik durch eine bemerkenswerte Stabilität aus. Selbst die furchtbare Not der Nachkriegsjahre hat trotz zahlloser „Sparbauweisen" keinerlei Umwälzung der Bautechnik in dem Umfange ge-*

bracht, wie auf dem Gebiete des Verkehrswesen die Luftschiffahrt (...).[14] Es ist Walter Gropius, der sich dieser Frage in Dessau annimmt, Baubetrieb, Baumaterialien, Baukonstruktion, Baukosten und Bauzeit in der Bauhaussiedlung Törten aufeinander abstimmt.[15] Als großer Bewunderer von Henry Ford, der amerikanischen Fabriken und Fließbandproduktion[16], sind für ihn die Bauten des Architekten Albert Kahn (1869-1942), der für Henry Ford neue Bau- und Produktionsmethoden entwickelt und umsetzt, hervorragende Beispiele einer trockenen, anonymen Ingenieurbautechnik und Vorbilder eines anzustrebenden, neuen Bauens. Im Fall des Fagus-Werkes erhebt Walter Gropius in der Nachfolge seines Lehrers Peter Behrens (1868-1940) die Zweckform Fabrik zur Kunstform Industriearchitektur[17] - Robert Venturi entsprechend könnten wir hier vom *dekorierten Schuppen* sprechen. Im Sinne Leo Adlers befördert solch ein Bemühen mehr den Fortschritt von Technik und Wirtschaft als die Entwicklung der Baukunst.

Auch Mies van der Rohe setzt ein Fragezeichen hinter dieses Streben:

Es kommt nicht so sehr auf eine Rationalisierung der bisherigen Werkmethoden an als auf eine grundlegende Umgestaltung

---

[14] Leo Adler: Vom Wesen der Baukunst, Leipzig 1926, 76-77
[15] Werner Nerdinger: Der Architekt Walter Gropius, Berlin 1985,2/1996 darin: Walter Gropius - Vom Amerikanismus zur Neuen Welt. Hier wird diese Vorliebe von Walter Gropius ausführlich dargestellt.
[16] Hg. Stiftung Bauhaus Dessau u.a.: Zukunft aus Amerika, Dessau 1995
[17] Dieter Marcello: Albert Kahn - Architekt der Moderne, Film BRD 1994. Rainer Banham: Das gebaute Atlantis, Amerikanische Industriebauten und die Frühe Moderne in Europa, Basel 1990

des Bauwesens überhaupt. (...) Die Industrialisierung des Bauwesens ist eine Materialfrage.[18]

1950 sagt er in einem Vortrag:

Die Technik wurzelt in der Vergangenheit.
Sie beherrscht die Gegenwart und reicht hinein in die Zukunft.
(...)Wo immer die Technik ihre wirkliche Erfüllung findet, dort erhebt sie sich in die Sphäre der Architektur. Es ist richtig, dass Architektur von Fakten abhängig ist, aber ihr eigentliches Wirkungsfeld liegt im Bereich des Ausdrucks. Ich hoffe, Sie werden verstehen, dass Architektur nichts zu tun hat mit der Erfindung von Formen. Sie ist kein Tummelplatz für Kinder, kleine oder große. Architektur ist der echte Kampfplatz des Geistes.[19]

Walter Gropius wendet sich dem Baubetrieb zu und von der Baugeschichte ab. Er beschäftigt sich mit Vorgängen von Techniken, mit Kräften, Stoffen und deren Zusammenwirken. Er übernimmt Methoden der Mechanik für sein Denken und Handeln. Werner Oechslin bemerkt: *Eine möglichst schnell zu erreichende Eindeutigkeit in der Zuordnung von Theorie und Praxis ist so verständlicherweise als Kennzeichen >moderner< Theoriebildung gesehen worden. Kein Wunder, dass andererseits Emil Utitz schon 1927 das Doktrinäre und Mechanistische nicht bei Semper, sondern bei Gropius ausmacht.*[20]

---

[18] Ludwig Mies van der Rohe: Industrielles Bauen,1924, in: Ulrich Conrads: Programme und Manifeste zur Architektur des 20. Jahrhunderts, Berlin (...) 1964, 91
[19] ebd.,146: Ludwig Mies van der Rohe: Technik und Architektur
[20] Werner Oechslin: Gottfried Semper und die Moderne, NZZ Nr.118 v. 25. / 26.Mai 2002, 59

Dies dogmatische, doktrinäre Verhalten, eine Art programmatische Linientreue, die auch die Moderne des 20. Jahrhunderts kennzeichnet und im mechanischen Kurzschluss von Denken und Handeln gründet, zeigt Gropius z.b. bei der Auftragsvergabe zur Werksiedlung in Bad Dürrenberg (1930) für die Chemieindustrie am Standort Leuna bei Halle an der Saale. Da Walter Gropius nicht bereit ist, geneigte Dächer zu bauen, übernimmt und verwirklicht Alexander Klein (1879-1961)[21] das Siedlungsprojekt. In der Bauhausdebatte von 1953,[22] die nach dem Krieg im Westen Deutschlands in der Zeitschrift *Baukunst und Werkform* durch eine Polemik Rudolf Schwarz (1897-1961) gegen Walter Gropius ausgelöst wird und sich zu einem heftigen, öffentlichen Streit ausweitet, wendet sich Rudolf Schwarz gegen das Bauhaus von Walter Gropius, nicht gegen Ludwig Mies van der Rohe und Ludwig Hilberseimer. Dem Walter Gropius wirft Rudolf Schwarz vor, nicht zu wissen, *was abendländisches Denken heißt*, dem Ludwig Mies van der Rohe und seinem Weggefährten Ludwig Hilberseimer nicht.

Das Denken des Architekten Walter Gropius ist sicherlich grundsätzlich ein anderes als das der Architekten Ludwig Mies van der Rohes und Ludwig Hilberseimers. Darüber wird bisher wenig Vergleichendes geschrieben. [23] Was sind die Unterschiede? Das Selbstverständnis dieser beiden Architekten ist

---

[21] Myra Warhaftig: Sie legten den Grundstein, Tübingen/Berlin 1996, 191
[22] Hg. Ulrich Conrads u.a.: Die Bauhaus-Debatte 1953, Dokumente einer verdrängten Kontroverse, Vorwort von Winfried Nerdinger: Das Bauhaus zwischen Mythisierung und Kritik, Braunschweig/Wiesbaden 1994
[23] Siehe 14. Hier verweist Winfried Nerdinger lediglich auf die Bauhausdebatte. Werner Durth erörtert die Bauhaus-Debatte als "Wiederaufbau-Debatte" (Werner Durth: Deutsche Architekten, Braunschweig 1986, 367 eff.)

dem des Maschinenbauers Hugo Junkers, dem Erfinder und Unternehmer, um vieles näher als das des Walter Gropius, der dem überkommenen Bild des Architekten und Künstlers verhaftet bleibt. Gropius sieht seine Aufgabe darin, als Künstler Produkte zu formen: Er versucht die Industrie, die Maschinenbauer und Ingenieure wie zum Beispiel Hugo Junkers in Dessau, als Formgestalter künstlerisch zu beraten, und als Protagonist des industriellen Bauens, neue Produktionsweisen im Hausbau einzusetzen. Er prägt einen technischen Stil, den Bauhausstil.

Das Bauhaus will der zeitgemäßen Entwicklung der Behausung dienen, vom einfachen Hausgerät bis zum fertigen Wohnhaus. (...) Das Bauhaus vertritt die Ansicht, dass der Gegensatz zwischen Industrie und Handwerk weniger durch den Unterschied des Werkzeuges gekennzeichnet wird als vielmehr durch die Arbeitsteilung dort und die Arbeitseinheit hier. (...) Spekulative Versuche in Laboratoriumswerkstätten werden für die produktive Durchführungsarbeit der Fabriken Modelle – Typen – schaffen.[24]

Da zeigt sich dieser Wunsch, Kunst mit Technik zu versöhnen. Ganz anders Ludwig Mies van der Rohe:

Die neue Zeit ist eine Tatsache; sie existiert ganz unabhängig davon, ob wir >ja< oder >nein< zu ihr sagen. Aber sie ist weder besser noch schlechter als irgendeine andere Zeit. Sie ist eine pure Gegebenheit und an sich wertindifferent. Deshalb werde

---

[24] Walter Gropius: Grundsätze der Bauhausproduktion, 1926, in: Conrads, Ulrich: Programme und Manifeste zur Architektur des 20. Jahrhunderts, Berlin (...) 1964

ich mich nicht lange bei dem Versuch aufhalten, die neue Zeit deutlich zu machen, ihre Beziehungen aufzuzeigen und die tragende Struktur bloßzustellen.

Auch die Frage der Mechanisierung, der Typisierung und Normung wollen wir nicht überschätzen. (...) Entscheidend wird allein sein, wie wir uns in diesen Gegebenheiten zur Geltung bringen. (...)Denn Sinn und Recht jeder Zeit, also auch der neuen, liegt einzig und allein darin, dass sie dem Geist die Voraussetzung, die Existenzmöglichkeit bietet. [25]

Walter Gropius verlässt Dessau und das Bauhaus, um 1928 zusammen mit dem Bauunternehmer Adolf Sommerfeld und dann 1931/32 zusammen mit der Metallfirma *Hirsch, Kupfer- und Messingwerke* von Aaron Siegmund und Dr. Emil Hirsch Häuser in der Fabrik zu fertigen.[26] Warum versucht er nicht, zusammen mit dem Erfinder, Flugzeug- und Maschinenbauer Hugo Junkers Häuser herzustellen? Warum nutzt er nicht die einmalige Gelegenheit, mit dem damals weltweit führenden Technologieunternehmen Hugo Junkers, das in einer eigenen Bauabteilung forscht, zusammenzuarbeiten? Ludwig Hilberseimer und Mies van der Rohe ziehen andere Schlüsse und beschreiten andere Wege: Für sie sind Architektur, Stadt und Technik eins. Sie suchen nicht die neue Kunstform. Sie denken und arbeiten in und mit den Gegebenheiten ihrer Zeit – wie Hugo Junkers oder auch Ludwig Wittgenstein (1889-1951), der

[25] Ebd., 114; Ludwig Mies van der Rohe: Die neue Zeit, 1930
[26] Marianne Blankenfeld: Messingwerk Eberswalde-Finow, in: Bauwelt, Heft 14/Berlin 1994, 776. Winfried Nerdinger: Der Architekt Walter Gropius, Berlin 1996/2.S.170. Eines dieser Kupferhäuser steht in Berlin in der Schorlemer Allee, andere in Haifa/Israel.

ursprünglich Maschinenbauingenieur ist und Düsentriebwerke entwickelt, dann als Lehrer und Philosoph wirkt. Will er Technik und Philosophie versöhnen? Er baut zusammen mit dem Architekten Paul Engelmann (1889-1951) in Wien ein Haus für seine Schwester: Will er Technik mit Architektur und Philosophie versöhnen? Was treibt ihn und uns dazu, Architekten zu werden, Gebäude und Städte zu bauen? Abgesehen davon, dass wir in Dessau und anderen Städten der ehemaligen DDR gezwungen sind, Gebäude abzureißen und Städte zu verkleinern.

Walter Gropius ist es nicht gelungen, Kunst und Technik miteinander zu versöhnen, weil diese beiden Tätigkeitsfelder menschlichen Strebens nicht im Streit liegen. Ihm ist es auch nicht wie dem Ingenieur und Unternehmer Hugo Junkers gelungen, ohne Produktionsmittel, das heißt ohne eigene Maschinen und Kapital, seine Ideen zu entfalten und eigene Erfindungen umzusetzen - trotz des Bauhauses oder gerade wegen des Bauhauses, das eine von der Stadt Dessau abhängige Schule und Werkstatt zugleich war, ein selbstständiges Industrieunternehmen aber nicht.

Das Bild vom Bauhaus wird (...) vor allem durch die 1938 in New York gezeigte Bauhaus-Ausstellung, die Walter Gropius zusammen mit einigen ehemaligen Bauhaus-Meistern organisierte, (geformt). (...)In späteren Jahren hat Mies (...) dem Bauhaus nur noch Desinteresse entgegengebracht. Während Gropius sich immer mehr zu einem >Mister Bauhaus< entwickelte und seine eigene Historie lebte, war Mies als Architekt durchaus der Gegenwart verwachsen. Gropius begann 1932, die Geschichte der modernen Architektur und des Bauhauses in seinem Sinne *zu schreiben. (...) In zahlreichen Reden und Veröffentlichungen konnte er später seine Zuhörer und Leser davon überzeugen, daß er die Idee für eine neue Art der Künstlerausbildung entwickelt hat(...). Mies dagegen beantwortete nach Auflösung des Bauhauses die Anfrage von ehemaligen Studierenden nach Privatunterricht 1934/35 zunächst einmal mit dem Satz, daß der von ihm zu erteilende Unterricht keine Fortsetzung des Bauhauses wäre.(...) Seine Abkehr vom Bauhaus steigert sich während der Vorbereitung zur Bauhaus-Ausstellung 1968 zu den Worten >>Ich habe nichts mit dem Bauhaus zu tun<<, was für ihn eine konsequente wie ehrliche Aussage darstellt, nachdem die Gleichsetzung von >Bauhaus< und >Gropius< Allgemeingut geworden war.*[27]

Für Ludwig Mies van der Rohe und Ludwig Hilberseimer gibt es nichts zu versöhnen, für sie sind Kunst und Technik keinen Widerspruch; denn jede Zeit hat sich aus und mit ihren Gegebenheiten gebaut, ob dies gelingt oder nicht: Kunst und Technik bedeuten das Gleiche. Die These des Bauhauses unter Mies van der Rohe steht gegen die These des Bauhausgründers Walter Gropius: *Kunst und Technik entsprechen sich* steht gegen *Kunst und Technik widersprechen sich*. Walter Gropius verhält sich scheinbar radikal in seiner Zeit, wenn er fordert, die Geschichte, alle Bücher und jedwedes akademische Bemühen um den Stil aufzugeben. Mies van der Rohe und Ludwig Hilberseimer dagegen stehen radikal in ihrer Zeit. Sie bedeutet und ist ihnen alles: Geschichte, Gegenwart und Zukunft – sie leben die

---

[27] Christian Wolfsdorff: Ende gut - Alles gut? Mies van der Rohe und das Bauhaus, in: Mehr als der blosse Zweck, Ausstellungskatalog Bauhaus-Archiv Berlin, Berlin 2001

Zeit und ihr Wollen richtet sich nicht auf ein WAS, sondern auf das WIE; denn im WIE bilden Kunst und Technik eine Einheit. Das WAS klären Zeit und Gesellschaft. Es stellt eine letztlich nicht zu beeinflussende Größe dar. Ist es kritiklos, sich ins Gegebene zu fügen? Für Gropius ist der Gestalter jemand, der die Welt verbessern, bestimmen, Kräfte und Entwicklungen beeinflussen will – ein Macher. Er steht auch im Widerspruch – in Opposition – zu seiner Zeit, Mies van der Rohe nicht. Er gestaltet mit den Gegebenheiten und Kräften seiner Zeit. War Gropius ein Moralist und Mies van der Rohe ein Opportunist? Möge das jeder für sich selber entscheiden oder lassen wir diese Frage hier einfach offen und kehren zum Plan von Hilberseimer zurück: Er ist nicht umzusetzen und zeigt aus diesem Grunde sehr viel deutlicher ein neues Siedlungsmodell von Stadt, das einer Maschine gleicht. Es zeigt den Entwurf einer bisher nicht gekannten, technischen Größe von Stadt als Ausdruck der ihr innewohnenden, mechanischen Eigenschaften.

Das Mechanische ist die heimliche, unverzichtbare Grundlage unseres Lebens - das Paradigma unserer urbanen, menschlichen Existenz. Wir könnten auch sagen: seine unbewusste Substanz. Ganz gleich wie ein Gebäude ausschaut, letztlich besteht es aufgrund seiner Technik. Deswegen ist es einigen Architekten gleichgültig wie ihre Gebäude ausschauen: sie schauen sowieso aus wie sie ausschauen – sie sind das Spiegelbild ihres mechanisch reproduzierten Erscheinens. Schmuck ist überflüssiger Zierrat, Fetisch. Architekten sind überflüssig, Ingenieure notwendig. Architekten proportionieren, Ingenieure dimensionieren. Das klingt wie Verrat, ist es aber nicht: Maschinen bestimmen unser Denken und Handeln. Maschinen haben die

Stadt erobert und halten sie besetzt. Wir leben im Bannkreis der Maschine. Die Maschine ist Tabu und ein Fetisch, den wir verehren. Die mechanische Stadt trägt dann kein lebendiges Bild, keine geistige Idee, keine menschliche Geschichte mehr in sich, wenn Mensch und Maschine sich spiegeln, der Mensch dinghaft veräußert wird. Dann entsteht die Unstadt - nicht Zwischenstadt - als Negation von Stadt nicht im Sinne eines Gegenbildes, sondern ihrer vergegenwärtigten Abwesenheit. Stadt kann uns dann nicht mehr gelingen. Es ist diese ständig sich ersetzende, anwesende Abwesenheit von Stadt, die ihre mechanische Eigenschaft und verneinenden Charakter ausmacht. Mit ihr wird wie mit einem Apparat oder einer Maschine umgegangen, sie wird an- oder abgestellt, ganz nach Belieben und Willkür. Viele wollen in ihr nur noch den gegenwärtigen Zustand ihrer materiellen Existenz wahrnehmen: das was sie gerade ist, hat sie auch gefälligst zu sein. Das ist eine Frage von Propaganda – nicht von Stadt. Ähnlich wie die Naturwissenschaften aus den apokalyptischen Ängsten, so entsteht der Städtebau aus den katastrophalen Zuständen menschlicher Ansiedlungen und ist eine junge Disziplin. Früher war die Stadt Thema einer Architektur, heute ist sie Thema der Urbanisten. Die Maschinen verändern unser Leben und bieten wie die Stadt Möglichkeiten an, menschliche Energie durch Werkzeug zu vervielfachen, in gerichtete Kraft umzusetzen. Schon Aristoteles (384-322 v.Chr.) und Leonardo da Vinci (1452-1519) ersannen Maschinenkonstruktionen. Aber nicht die Maschine ist die Frage, wir sind die Frage. Die Frage ist, wie wir heute mit der Technik umgehen, wie wir sie anwenden und einsetzen. Friedrich Dessauer (1881-1963) schreibt hierzu 1926:

Die zeitgenössische Welt kennt von der Technik nur das Äußer-
liche, das mit der Wirtschaft Verflochtene und den Nutzungs-
wert ihrer Formen. Daraus begreift sich das ungeheure Miss-
verstehen, das Vorenthalten der Würde gegenüber dem tech-
nischen Berufe in der öffentlichen Meinung. Aber das Beschrän-
ken auf das Äußerliche in der Anschauung der Technik beraubt
auch die Menschheit des großen Kulturwertes, der nicht in den
äußeren Gestalten, sondern im Wesen der Technik beschlossen
ist.[28]

Rudolf Schwarz schreibt 1929 voll dunkler Vorahnung:

Darum verlangt eine Zeit, deren Form Serie sein soll, ein Ge-
schlecht kühner Gründer, verwegener Machthaber. Im äußers-
ten Falle verlangen die Massen den Diktator als einzige Hilfe,
ohne diese müssen sie verkommen. In ihm aber, dem Diktator,
durchbricht sich das Prinzip selbst. Es enthüllt sich als doppel-
seitiges Gesetz. Der gleiche Begriff, der nach innen Serie heißt,
bedeutet nach außen historische Tat. In jenem äußersten Fall
und gerichtet auf Menschen teilt er diese in zwei unvergleich-
bare Klassen, Herren und Untertanen, und verleiht der einen
übermenschliche Größe auf Kosten der anderen. Der Begriff hat
eine Tendenz zur Despotie in sich.[29]

Mit Recht fragen Dessauer und Schwarz nach dem Wesen der
Technik. Schwarz überlegt, sich aus dem Geschehen zurückzuziehen, zu transzendieren, *lieber ein System zu zerschlagen, als*
eine Despotie zu dulden. Von 1933-1945 wütet dann der des-
potische Mechanismus in Wirtschaft und Gesellschaft.

---

[28] Friederich Dessauer: Streit um die Technik, Frankfurt/M.,1926
[29] Siehe Rudolf Schwarz

H. G. Adler (1910-1988) verweist auf den *mechanischen Materialismus*,[30] der im letzten Jahrhundert in Deutschland das Leben in die Zwangsarbeit, in das Zwangskollektive und Konzentrationslager führte, aus Menschen Häftlinge, Sachgüter mit Nummern machte: *Das Zeitalter des mechanischen Materialismus und der ihm analogen Ideologien verbietet kollektive Leistungen von Wert. Zwar redete man nie vorher so viel von Gemeinschaft, aber der Pseudokollektivismus meinte in Wahrheit nur Masse und Komplexe.*[31] Hier ist alles gesagt: Wo liegen die Bedeutung der Industriegeschichte und der sogenannten Industriekultur? Zygmunt Bauman (1925-2017) bezeichnet die zwischenmenschliche Distanz in den heutigen Industriegesellschaften, die mit dem Fortschritt von Wissenschaft, Technik und Bürokratie stetig zunimmt, als die Gefahr, moralische Verantwortung und Kontrolle zu verlieren.[32]

Einmal möchte Josef im Wald liegen, er möchte die leuchtenden Waldbeeren pflücken und duftende Pilze entdecken, hier sind die Vorberge vom Harz, wie nah dürfte es nach Goslar sein, nach Werningerode, nach all den zauberhaften Orten, aber fern sind sie; Josef wird es auch vor der Einsamkeit grauen, die er jetzt so herbeisehnt, er wird erschöpft sein und nach Erholung lechzen; es ist alles nur nichtsnutzige Träumerei, über den heutigen Tag soll keiner hinausdenken, das Panorama ist eng und abgeschlossen, das Panorama unter der Erde mit dem Blick

---

[30] Ludwig Büchner (1804-1899), Bruder von Georg Büchner, gilt mit seinem Buch "Kraft und Stoff" (1855) als der Begründer des mechanischen Materialismus, der das 19. und 20. Jahrhundert maßgeblich prägte
[31] H. G. Adler: Theresienstadt 1941-1945, Tübingen 1960, 656
[32] Zygmunt Bauman: Dialektik der Ordnung: Die Moderne und der Holocaust, Hamburg 1992

in schon fertige ausbetonierte Hallen hinein, wo schmerzende Neonlichter glühen, da ist alles erst so recht in Vorbereitung, die Herrschaften bilden sich ein, sie können hier Flugzeugbestandteile herstellen, eine Firma mit dem Märchennamen "Malachitwerk A.G. Halberstadt" ist hier einquartiert, der Betrieb soll zu den Junkerswerken gehören, aber mehr wurde bisher nicht geschafft, als unter Quälerei von Verlorenen mühsam die ersten Maschinen aufzustellen und die Speicher mit einigem Zeug aus Duralumin zu füllen. [33]

Sind die Arbeitslager nicht auch Modell und Synonym von moderner (deutscher) Stadt im 20. Jahrhundert? Imre Kertész spricht in diesem Zusammenhang von der für das letzte Jahrhundert charakteristischen und neuen Erfahrung des *Nicht-Aufgearbeiteten, oft Nicht-Aufarbeitbaren.*[34] Was uns bleibt, ist Landschaft - auch die des Geistes trotz und gegen alle mechanistischen Weltprogramme:

Wenn ich resigniere, verkümmere ich. Wenn ich verkümmere, vergeistige ich. Wenn ich Geist werde, werde ich Kunst, ein hagerer, unausgeschöpft erschöpfter, asketischer Mensch der Tat. - Doch lieber würde ich Geist, Kunst, ein Mensch der Tat und eine vollkommene Existenz werden auf dem Weg der Leidenschaft.[35]

Interessanterweise wird die Musik des Johann Sebastian Bachs (1685-1750) oder Friederich Händels (1685-1759) heute nach Partituren aufgeführt. Aber niemandem würde es einfallen,

---

[33] H. G. Adler: Panorama, Olten 1968, Kapitel: Lager Langenstein, 518
[34] Imre Kertész: Eine Gedankenlänge Stille, während das Erschießungskommando neu lädt, Hamburg 1999
[35] Imre Kertész: Galeerentagebuch, Berlin 1993, 64

geschweige denn es gutheißen, nach Zeichnungen eines Walter Gropius oder Hugo Junkers zu bauen. Warum ist das so? Warum hat sich die Architektur der Meisterhäuser zum Baudenkmal überlebt und warum werden die Möbel eines Marcel Breuer (1902-1981) oder Mies van der Rohe heute noch gebaut und verwendet? Was bedeutet uns Architekten die Technik heute? Ist sie für uns mehr als ein Stil? Im gegenwärtigen Schaffen des Bauingenieurs und Architekten Santiago Calatrava (1951) zeigt sich, was Architektur und Bauen angeht, eine mögliche Antwort.[36] Wie ist es auf den anderen Gebieten der Technik bestellt? Welche Rolle spielt die Technik heute in unserem Leben? Wenn eine ihrer Gefahren die zunehmende zwischenmenschliche Distanz ist, dann geht es sicherlich auch darum, die Vormacht der mechanischen Eigenschaft von Stadt zu mäßigen und dem öffentlichen Leben in den Städten wieder Raum zu geben. So bleibt abschließend festzustellen, dass das öffentliche Leben der Bewohner im Plan von Tony Garnier einen großen und im Plan von Ludwig Hilberseimer einen geringen Wert darstellt.

---

[36] OP/0 Opera Progetto: Santiago Calatrava, Quadracci Pavillon Milwaukee Art Museum, Bologna 2001

37

[37] Foto Sommer 1981: Blick von Süden auf die kriegszerstörte, mit Trümmer-
material wiederaufgebaute kath. Pfarrkirche St. Anna in Düren; Rudolf
Schwarz 1951 – 1956, Mitarbeiter: Maria Schwarz, Karl Wimmenauer, Karl-
Heinz Bröker; Bauleitung: Rudolf Steinbach

Trümmer und Kontinuität?

Rudolf Schwarz und die Wiederaufbaudebatte 1947

Am Beispiel von Rudolf Schwarz versuche ich, einen Spannungsbogen zu setzen – sozusagen ein Kontinuum des *Neuen Bauens* zu sichten, das sich trotz Unterbrechung, Unterdrückung und Verbot zwischen 1933 und 1945 *abseits vom Architekturlärm des Dritten Reiches* weiterentwickelt und das Baugeschehen in Westdeutschland prägt.[38]

Viele sehen in Rudolf Schwarz (1897-1961) nur einen katholischen Außenseiter, Kirchenbauer und Vertreter einer anderen Moderne. Das ist richtig, wenn mit der anderen Moderne das Neue Bauen gemeint ist. Die Architekten des Neuen Bauens sprechen vom Organischen, verantworten Geschichte und Kultur. Wachsen ist geschichtliches und ortsgebundenes Werden. Meiner Meinung nach ist diese Richtung der modernen Architektur auf Louis H. Sullivan und seinen Traktat *Architektur und Ornament* zurückzuführen.[39] Anders als Hugo Häring, der 1923 vom *neues bauen* spricht und es 1928 in La Sarraz auf dem Gründungstreffen des CIAM als Sekretär der Architektenvereinigung Der Ring der *architecture nouvelle* des Le Corbusier programmatisch entgegensetzt, erörtert Rudolf Schwarz 1929 in seinem Essay *Neues Bauen?* die Werte, Merkmale und Bedeutungen kritisch. Er stellt fest: *Es gibt ein Bauen, das ist einfach den Dingen*

---

[38] Vortrag am 12.11.2005 in der Heilig Geist Wiesbaden (1960, Architekt Herbert Rimpl) anlässlich des von Thilo Hilpert ausgerichteten und durchgeführten Internationalen Kolloquiums Modern Architecture In Postwar Europe
[39] Louis H. Sullivan, Ornament und Architektur, Tübingen 1990

treu und gibt ihnen Recht (...), und er fragt zu guter Schluss: *Was ist nun mit dem „Neuen Bauen"? (...) Ist es ein Programm oder eine Wirklichkeit? Das sind Fragen, auf die wir die Antwort nicht fanden(...) und so sind wir in die unbehagliche Mitte gestellt zwischen denen, die ihre rationale Primitivität als eine ausreichende Weltanschauung ausgeben und denen, die sich der Anrede einer neuen Zeit versperren und sich in alten Ruhesitzen wohlfühlen.*[40]
Für Schwarz ist Bau lebendiges Bild und nicht toter Begriff: *Kein wirkliches Leben kann ohne große Symbole sein(...) vielleicht erwachsen uns die nicht aus künstlerischen Bemühungen, sondern viel eher aus den schlichten Dingen, denn jedes wirkliche Symbol ist ein liebevolles und stilles Ding; es sagt nicht viel, und man kann auch nicht viel darüber sagen, da es etwas ist.(...) So käme es denn darauf an, dass die „sachliche" Baukunst arm würde statt dürftig und demütig statt beschränkt und dass sie aufhörte „Sachlichkeit" zu sein, und begänne, Dinglichkeit zu werden. Es mag sein, dass man das Wort prägen könnte von einer „Wiedergeburt der Baukunst aus der Armut".*[41]

1929 werden Rudolf Schwarz und Hans Schwippert mit dem Bau der katholischen Pfarrkirche St. Fronleichnam in Aachen (1929-30) bekannt. Beide verfechten und vertreten das Neue Bauen über die Jahre 1933-45 hinaus. 1931 gibt Emanuel Josef Margold (1889 - 1962) das Buch *Bauten der Volkserziehung und Volksgesundheit* im Verlag Ernst Pollack heraus und zeigt das Katholische Jugendheim in Aachen- Burtscheid (1928) wie die

[40] Rudolf Schwarz, Neues Bauen? (1929) in: Wegweisung der Technik und andere Schriften zum Neuen Bauen: 1926 – 1961, Hg. Maria Schwarz u. Ulrich Conrads, Braunschweig/Wiesbaden, 1979, 121-131
[41] Ebd.

soziale Frauenfachschule (1929/30) von Rudolf Schwarz und Hans Schwippert.[42] 1937 stellt Alfons Leitl (1909 - 1975) Rudolf Schwarz als Erneuerer der sakralen Architektur in *Wasmuths Lexikon der Baukunst, Band V, Nachtrag A –Z*, vor. Er zeigt eine Raumstudie, die Kapelle in Leversbach (1934, Grundriss, Foto Ansicht, Foto Innenraum), St. Fronleichnam (1929, Foto Innenraum) und erörtert die Vorstellungen von Schwarz, der *einer der klarsten Vertreter der neuen Baukunst in Deutschland ist*, wie folgt: *(...) der Mensch ist ein „gerichtetes" Wesen. Schwarz entwickelt deshalb als mögliche Form, den Gedanken des Umstehens auszudrücken, den offenen Ring, bei dem die Gemeinde zu drei Seiten den Altar umsteht (...) eine Seite bleibt frei.* [43] Ein Seite bleibt frei – bleibt offen. Offenheit und Freiheit der Architektur sind Ziele des Neuen Bauens – nicht der neuen Baukunst des Dritten Reiches, das zwanghaft geschlossene Welt baut. [44] In seiner 1928 veröffentlichten, 1979 wieder aufgelegten und um den unveröffentlichten Teil 2 ergänzten Schrift *Wegweisung der Technik* mit Fotos 14 von Alfred Renger-Patzsch setzt sich Schwarz kritisch mit den Zielen und Methoden der Technik auseinander:

‚Technik' verheißt Gewalt und Grösse. Aber diese Verheißung bringt den Menschen in Not, der weder für das eine noch das

---

[42] Emanuel Josef Margold, Bauten der Volkserziehung und Volksgesundheit, Berlin 1930 / 1999, 106, 352-355

[43] Alfons Leitl, Kirchliche Baukunst, in: Wasmuths Lexikon der Baukunst, Band V Nachtrag A – Z (1937), Schriftleitung Bruno Schwan und Hans Josef Zechlin, 309 – 319; Rudolf Schwarz, 500. Dort werden auch Albert Speer, 522, und Fritz Todt, 559, vorgestellt.

[44] Leo Adler (1891 – 1962), der Schriftleiter von Wasmuths Lexikon der Baukunst: Band I (1929), Band II (1930), Band III (1931), Band IV (1932), flüchtet 1933 mit seiner Familie vor dem Nationalsozialismus nach Palästina.

andere geschaffen ist, dem beide Gefahren, die scheinbar be-
schworen waren, neu erwecken: Natur und Geist. (...). Dagegen
ist der Mensch an ein konkretes Maß gebunden, wenn er sich
dessen Grenzen nähert, läuft er Gefahr. Sein Leben gefährdet
sich selbst durch den eingeborenen Trieb nach dem Absoluten,
dem absolut Wahren, dem in sich richtig Konstruierten, dem un-
bedingt Schönen, das es dem Angemessenen, dem Bescheide-
nen, dem Gütigen vorziehen möchte. [45]

Technik versteht Schwarz als Teil der Sach-, nicht der Dingwelt.
Ein Ding birgt für ihn ein Wesen, eine Sache entspricht lediglich
einem Zweck und so schließt er seine Abhandlung mit folgendem Gedanken:

Sobald die Dinge in ihrer Wirklichkeit deutlich werden, wird diese
zur Aufgabe. (...) Sie liegt weit jenseits von ‚Zweck und Rechnung'
und lässt sich nur mit einer neuen, aus dem Wesen abgeleiteten
Methode bewältigen. [46]

Wesen nicht Zweck, Ding nicht Sache, Bild nicht Begriff – darum
geht es. Wenn die Sache sich zum Ding, der Begriff sich zum Bild
und der Zweck sich zum Wesen wandeln, dann entsteht Wirklichkeit. Sie ist dinghaft, bildhaft und wesenhaft Maß und Ausdruck des sich ständig erneuernden Lebens: *Menschliches Maß*
ist fließendes Bild, zeitverwoben und nie absolut. Grenzen sind
schon gesetzt, weil die Gattung eine Geschichte hat, Möglichkei-
ten stehen noch offen, weil sie eine Zukunft hat. Aus beiden, Ge-
gebenheiten und Aussichten, weben sich Maßbilder der Zeiten

---

[45] Rudolf Schwarz, Wegweisung der Technik, 12
[46] Ebd., 30

als menschliche Leistung oder als göttliche Offenbarung (...) Deren letztes (...) steht als Mäßigungsbild ,Seele' vor uns. Technik kennt keine Seele. Zielen Zweck, Sache und Begriff über die Wirklichkeit hinaus ins Leere, dann wirkt jede angewandte Technik maßlos und zerstörerisch. Die Frage, wie lässt sich das Neue mäßigen und verantworten, stellt sich immer wieder aufs Neue: Arbeit und der Mythos des Sisyphos?

Die Skizze und der Kommentar zum Entwurf einer Kirche in Berlin Lichterfelde (1936 zusammen mit Emil Steffann) zeigen sein Denken:

...man könnte sich vorstellen, dass eine Kirche, die nach neuem Grundriß in alten, historischen Formen erbaut würde, eher zu unserem Wollen passen könnte, als eine, die in ,modernen' Formen über altem Grundriß entstanden wäre.

Schwarz versteht das Neue Bauen als Folge und Ausdruck neuer Handlungs- und Lebensweisen. Er will verändern. Es reicht nicht hin, alte Formen gegen neue Formen auszutauschen. Die neue Form allein verändert nichts, bestätigt nur das Alte im Neuen, verschafft dem alten Leben lediglich eine zeitgemäße Erscheinung. Die alte vermeintlich unzeitgemäße Form hingegen, die sich veränderten Bedingungen und Lebensweisen anverwandelt, ist wahrhaft neu. Das ist das Thema, das Rudolf Schwarz künftig bearbeiten wird: 1941-1944 während des Krieges als Landesplaner in Lothringen, dann von 1946 – 1952 als Generalplaner der Stadt Köln, von 1953 – 1961 als Architekt und als Professor für Städtebau an der Staatlichen Kunstakademie Düsseldorf.

1933 endet das Neue Bauen der Weimarer Republik und beginnt die Baukunst des Dritten Reiches: eine Wiederaufnahme neoklassizistischer Bautraditionen, die nicht nur in Deutschland, sondern auch in anderen Ländern diesseits und jenseits des Atlantiks nach der Weltwirtschaftskrise von 1929 wieder belebt und in der Weltausstellung in Paris 1937 durch die Verleihung der Goldmedaillen an Albert Speer für den deutschen und an Boris Michailowitsch Iofan für den sowjetischen Pavillon weltweit anerkannt werden. Adolf Behne beschreibt in seinem Essay *Der moderne Zweckbau* (1923/1926/1964) das Neue Bauen als eine Bewegung aus der Fassadenarchitektur des 19. in die soziale Wirklichkeit des 20. Jahrhunderts. Sein Inhalt: *I. Nicht mehr Fassade – sondern Haus II. Nicht mehr Haus – sondern geformter Raum III: Nicht mehr geformter Raum – sondern gestaltete Wirklichkeit* klingt wie Programm oder ein knapper Text des Ludwig Mies van der Rohe. 1933 wird diese Entwicklung abgebrochen, nun heißt es gezwungenermaßen wieder „Marsch, marsch, zurück, zurück aus der neu gestalteten Wirklichkeit zu den neuen alten Fassaden." Das Neue Bauen wird geächtet und diejenigen deutschen Architekten, die jüdischer Herkunft sind, unter ihnen namhafte Vertreter und Verfechter des Neuen Bauens wie z.B.: Alexander Klein, Bruno Ahrends, Leo Adler, Erwin Gutkind, Erich Mendelsohn, Julius Posener, die hier stellvertretend von über 451 Namen genannt werden, erhalten Berufsverbot, werden nicht zur Reichskulturkammer zugelassen, verfolgt, in Konzentrationslager deportiert und ermordet. Führende Vertreter der Moderne verlassen Deutschland und Europa. Wieder andere bleiben im Land, werden an den Rand gedrängt, gezwungen, sich aus dem öffentlichen ins private Leben zurückzuziehen, den

Beruf aufzugeben oder scheinbar unbedeutende Aufgaben zu übernehmen, die nicht das Wesen und die Macht des Dritten Reiches widerspiegeln. Sie widmen sich dem Zweckbau (Egon Eiermann) oder arbeiten anfangs im Untergrund (Emil Steffann, Rudolf Schwarz u.a.) oder im Wiederaufbau kriegszerstörter Landschaften (Rudolf Schwarz, Rudolf Steinbach, Emil Steffann, u.a.).

1945 liegen die deutschen Städte in Trümmern. W. G. Sebald beginnt seine 1997 in Zürich gehaltenen Vorlesungen *Luftkrieg und Literatur* eindrücklich:

„Es ist schwer, sich heute eine auch nur halbwegs zureichende Vorstellung zu machen von dem Ausmaß der während der letzten Jahre des zweiten Weltkriegs erfolgten Verheerung der deutschen Städte und schwerer noch, nachzudenken über das mit dieser Verheerung verbundene Grauen. Zwar geht aus dem Strategic Bombing Suryes der Alliierten, aus den Erhebungen des Bundesamts für Statistik und anderen offiziellen Quellen hervor, dass von den 131 teils nur einmal, teils wiederholt angegriffenen Städten manche nahezu gänzlich niedergelegt wurden, dass an die 600000 Zivilpersonen in Deutschland dem Luftkrieg zum Opfer fielen, dass dreieinhalb Millionen Wohnungen zerstört wurden, dass bei Kriegsende siebeneinhalb Millionen obdachlos waren, dass auf jeden Einwohner Kölns 31,4, auf jeden Dresdens 42,8 Kubikmeter Bauschutt kamen, doch was all das in Wahrheit bedeutete, das wissen wir nicht. Die in der Geschichte bis dahin einzigartige Vernichtungsaktion ist in die Annalen der neu sich konstituierenden Nation nur in Form vager Verallgemeinerungen eingegangen (...). Trotz der schier unglaublichen Energie,

mit der man sich nach jedem Angriff sogleich an die Wiederher-
stellung einigermaßen praktikabler Verhältnisse machte, stan-
den in Städten wie Pforzheim, das in einem einzigen Angriff in
der Nacht auf den 23. Februar 1945 beinahe ein Drittel seiner
60000 Einwohner verlor, selbst nach 1950 noch Lattenkreuze auf
den Schutthalden, und gewiß haben die entsetzlichen Gerüche,
die, wie Janet Flanner im März 1947 berichtet, von der ersten
Frühjahrswärme in den gähnenden Kellern Warschaus geweckt
wurden, in der Zeit unmittelbar nach dem Krieg auch die deut-
schen Städte durchweht.[47]

Der britische Dichter und Schriftsteller Stephen Spender (1909-
1995), der Ende der 20ziger Jahren des letzten Jahrhunderts für
einige Zeit zusammen mit Auden und Isherwood in Berlin lebt
und unmittelbar nach dem Krieg Deutschland und Frankreich
bereist, beschreibt in seinem 1946 unter dem Titel *European*
Witness verfassten und 1995 auf Deutsch erschienen Bericht
Deutschland in Ruinen die Situation wie folgt:

Goronwy Rees erzählte mir vom Ruhrgebiet, dessen Städte er mir
beschrieb als schlichte Trümmerhaufen, mit Einwohnern, die in
Kellern hausen. Die Menschen blieben in den Trümmern ihrer
ehemaligen Wohnungen vor allem, weil es die einzige Möglich-
keit war, ihre Familien wieder zusammenzubringen. Die Familien
hatte zuerst der Krieg völlig auseinandergerissen und nach
Kriegsende die Zonenaufteilung der Besatzungsmächte. Heute
ist der sehnlichste Wunsch der einfachen Leute in Deutschland,
ihre Familien wieder zusammenzuführen. Dafür blieben sie

---

[47] W. G. Sebald: Literatur und Luftkrieg, München/Wien 1999, 11 -13

monatelang in den Kellern unter den Überresten ihrer früheren Wohnungen wohnen, in der Hoffnung, dass Fritz, von dem man das letzte Lebenszeichen vor zwei Jahren aus Ostpreußen erhalten hatte, oder Lisa, die nach München gezogen war, wieder auftauchen könnten.

Sein Bericht schließt mit folgenden Worten:

Dass die nationalsozialistischen und faschistischen Führer oft enttäuschte Künstler waren, ist zutiefst aufschlussreich. (…) Als Menschen waren sie sich selbst Mittelpunkt ihres gesellschaftlichen Handelns und Mittelpunkt eines Universums, in dem vielleicht nicht für die Idee eines Himmels, aber wenigstens für die Idee der Hölle Platz war; sie verdammten und zerstörten sich selbst und mit sich einen großen Teil der Welt. In ihnen war Satan Fleisch geworden, und die Bruchstücke von Hitlers Schreibtisch, die ich mitnahm, besaßen eine Bedeutung, die sie zu unheiligen Reliquien macht in genau dem Sinn, in dem andere Reliquien heilig sind.
So kann ich mir erklären, warum diese entsetzlichen Männer mich nicht nur im Wachen, sondern viele Jahre lang auch in meinen Träumen verfolgten. Und in meinen Träumen habe ich sie nicht einfach nur gehasst und weggestoßen. Ich habe dort mit ihnen gestritten, habe mit ihren Geistern gerungen, und an den Stätten, wo ich sie erkannte, habe ich Blut und Tränen vergossen. Die Orte, wo ich diese Tränen opferte, waren nicht nur Schauplätze materieller Zerstörung. Im Traum erschienen sie mir als die Altäre eines ungeheuren Opferrituals, an dem alle Nationen hatten teilnehmen müssen. Von der Finsternis jener Geister schien die die ganze Welt verdunkelt zu sein, und als sie sie

verließen, erhob sich aus ihrer Asche die Drohung einer noch tie-
feren Finsternis, allumfassend und immerwährend. Zugleich je-
doch gab es nicht den geringsten Zweifel, dass die einzige Ant-
wort auf diese Vergangenheit und diese Gegenwart nur die be-
wusste, vorsätzliche und ganz und gar verantwortungsvolle Ent-
schlossenheit sein kann, unsere Gesellschaft auf die Wege des
Lichtes zu führen. (26. März 1946) [48]

1947, 2 Jahre nach dem Ende des Zweiten Weltkrieges und vor
der politischen Teilung Deutschlands, erscheint mit der Lizenz
Nr. US.W.1007 die Nummer 1 der Zeitschrift „Baukunst und
Werkform", eine Folge von Beiträgen zum Bauen, herausgegeben von Alfons Leitl, Erstes Heft – Ein Querschnitt, verlegt bei
Lambert Schneider in Heidelberg, 1947 – so steht auf der blau-
grauen Umschlagseite, Format 21 cm x 26 cm. Der Text verlau-
fen in zwei Spalten. Die Schrifttype der Überschriften und Sei-
tenzahlen ist eine Antiqua, die der laufenden Texte eine Grotesk
(Futura), 8p. Die Anschrift der Redaktion ist Rheydt Bezirk Düsseldorf, Nordstraße 83. Werbung findet sich in dem Heft keine –
nur wenige Pläne und Schwarz-Weiß-Fotografien unterstützen
die Beiträge namhafter Architekten und Autoren, die auf der
Rückseite der Titelseite als Inhaltsverzeichnis zusammengefasst
sind. Auf den letzten Seiten 111 und 112 werden die Autoren
kurz vorgestellt und für die neue Zeitschrift mit dem trockenen
Hinweis geworben: *Die Hefte für Baukunst und Werkform er-*
scheinen in freier Folge. Auflage 5000 Stück. Bezugspreis je nach
Umfang der Einzelhefte. Bei Subskription auf einen Jahrgang

---

[48] Stephen Spender, Deutschland in Ruinen, 1995, 286-287

ermäßigt sich der Bezugspreis um 20 Prozent. Bestellungen durch Buchhandel.[49]

Dieses erste Heft einer Zeitschrift, die bis 1956 besteht, zieht eine erste, kritische Bilanz, stellt den so genannten Wiederaufbau in Frage und fordert stattdessen den Neuaufbau. Die Autoren sind Persönlichkeiten, denen die Besatzungsmächte im Westsektor den Aufbau des vom Krieg zerstörten Landes überantworten: Alfons Leitl, Professor Dr.-Ing. Hans Schwippert, Prof. Dr. eh. Otto Bartning, Dr. Ludwig Neundörfer, Prof. Hans Scharoun, Eugen Blanck, Prof. Robert Vorhoelzer, Hugo Häring, Rudolf Lodders, Prof. Egon Eiermann, Oberbaudirektor a.D. Professor Dr.-Ing. eh. Fritz Schumacher, Georg Leowald, Prof. Dr.-Ing. Rudolf Schwarz, Rudolf Steinbach – später Professor in Aachen. Sie sind – bis auf den Ökonomen Ludwig Neundörfer - Architekten und Vertreter des Neuen Bauens, die in Deutschland blieben. Sie sind Gegner der im Dritten Reich für Adolf Hitler und seinen Chefarchitekten und Rüstungsminister Albert Speer bauenden Architekten, die den Wiederaufbau beeinflussen, und bilden eine starke, demokratisch ausgerichtete Opposition des Neuen Bauens nach 1945. Diese Architekten nutzen die von den westlichen Siegermächten wieder eingesetzte Meinungs- und Pressefreiheit, um ihre Position im Gegensatz zu den Hitlerianern – wie sie ihre Gegner nennen - im Land bekannt zu machen. Sie schaffen sich mit der Zeitschrift *Baukunst und Werkform* ein kritisches Forum und unterstützen so ihre eigenen Interessen, die Demokratisierung des Landes und die Reeducation-Programme der Siegermächte. Sie zeigen, dass Architektur

---

[49] Baukunst und Werkform, Eine Folge von Beiträgen zum Bauen, Herausgegeben von Alfons Leitl, Erstes Heft – Ein Querschnitt, Heidelberg, 1947, 112

und Stadtplanung nicht länger Ideologie und staatlich verordnet, sondern wieder öffentlich in Frage zu stellen, zu erörtern und zu entwickeln sind. Nur dann - so sind sie überzeugt - können die chaotischen Missstände behoben und die Not der Menschen gelindert werden. Alfons Leitl beginnt sein Editorial *Anmerkungen* mit dem Satz:

Der tiefe Pessimismus, der uns nach zwei Jahres eines ganz und gar missratenen Aufbaues erfasst hat, macht jede Anstrengung fragwürdig. Seine Anmerkungen sind 14 bilderlose Textseiten lang und schließen mit einer *Anmerkung zu den Bildern dieses Heftes: Der Gedanke lag nahe, die Hefte für Baukunst und Werkform zu eröffnen mit einer Anknüpfung an das Bauen des Auslandes. In freundlichen Gesprächen ist uns denn auch sehr nahegelegt worden, zunächst ausschließlich Bauten des Auslandes zu zeigen; nur so ließe sich ein Maßstab neu vermitteln für architektonische Wertbegriffe, die in Deutschland ganz unbekannt geworden sind. Eine ganze Generation junger Architekten ist – bestenfalls – in dem muffigen Traditionalismus „landschaftsgebundener Baukultur" aufgewachsen. Sie weiß nichts von der Strenge, aber auch nichts von der Freiheit, Landschaftsfreude und Landschaftsoffenheit des modernen Bauens. (...) Doch es ist auch nötig, ihr den Blick zu öffnen für einige Leistungen, die in unserem eigenen Land „abseits von dem Architekturlärm des Dritten Reiches" entstanden sind, Werke, in denen die Gedanken des neuen Bauens lebendig geblieben und weiterentwickelt sind. (...)*

Und es folgt dann ein ganzseitiges Foto einer Stahlwerkshalle von Heinrich S. Bormann im Büro Herbert Rimpl entworfen.[50]

Das Thema des Heftes eröffnet Hans Schwippert mit seinem Text *„Theorie und Praxis, geschrieben Ende 1944 nach dem Fall Aachens, vor der Übernahme der Baudirektion für die verwüstete und entvölkerte Stadt"*. Schwippert, Wegfährte und Freund des Rudolf Schwarz sieht in der Trennung der Praxis von der Theorie – *„das Vitale hier und das Geistige dort"* das Grundübel gegenwärtiger und jüngst vergangener Zustände und fordert wieder das Werk: *„(...) vor uns stehen Werkaufgaben. (...) Aufräumen und Bauen (...) Werk zwar von äußerst behelfsmäßiger Form, sehr, sehr einfaches Werk, aber eben Werk."*

Auf Schwippert folgt Otto Bartning. Er schreibt zum Thema *„Mensch ohne Raum, Vom gültig Einfachen und von stiller Meisterschaft"*:

Volk ohne Raum heißt die gefährliche Parole, deren demagogischer Missbrauch blindes Heldentum und blinden Gehorsams zum Einbruch in fremde Räume führte. (...) Das Ergebnis ist der zerstörte, verstümmelte, mit fast der doppelten Menschenzahl überfüllte Raum. „Volk ohne Raum" in einem viel schlimmeren Sinn: Mensch ohne Raum, ohne erkennbare Gestalt des Lebens, der Arbeit, des Denkens und Hoffens. Mensch im Chaos.

---

[50] Baukunst und Werkform, Heft 1 – Ein Querschnitt, Heidelberg 1947, 15 (BW)

Ludwig Neundörfer stellt anschließend eine „Inventur des Zusammenbruchs" auf und liefert eine grundlegende, knappe Analyse der tatsächlichen, wirtschaftlichen und sozialen Zustände:

Deutschland steht nicht in einer Wirtschaftskrise (...), sondern in einem Zusammenbruch, die jeden Deutschen mit an den Rand des Abgrunds bringt (...) 1. Die Bauschäden: (...) Die Bombenangriffe haben die sozial ungesündesten Wohnverhältnisse der Großstädte, die Mietskasernenquartiere und verbauten und verwohnten Altstädte getroffen. Daraus ergibt sich eine einmalige Chance für die Wohnreform, für eine Liquidierung des unseligen Erbes des 19. Jahrhunderts, das einen der Grundansprüche des menschlichen Daseins, das Wohnen, zum Gegenstand der Spekulation und der Kapitalanlage gemacht hat (...) 2.Die Schrumpfung der Wirtschaft: (...) Die Aufhebung der Arbeitsteilung, nicht die Zerstörung der industriellen Anlagen, nicht der Mangel an Rohstoffen, nicht die Abschließung vom Weltmarkt, sondern die Rückkehr zu einem möglichst starken Selbstversorgertum und zum primitiven Tauschhandel kennzeichnet heute weithin unser Wirtschaften (...) 3. Die Menschenverluste: Die(se) Vergreisung, seit 1900 schon gegeben, wurde verstärkt durch die Verluste der beide Kriege und wird noch einmal intensiviert durch die Zusammensetzung der Ostflüchtlinge. Hier wird oft ein Erwerbsfähiger auf zehn bis zwölf nicht erwerbsfähiger Personen gezählt (...) 4. Die Entwurzelung: Unsere Vorstellungen von den sozialen Gruppen stammen noch aus der Zeit des vorigen Jahrhunderts: Großbürgertum, Bürgertum, Proletariat, mit den Berufsgruppen der Arbeiter, Angestellten und Beamten, Selbstständigen. Wir müssen uns klar sein, dass sie heute nicht mehr der Wirklichkeit entsprechen. Die Affekte, die aus ihnen stammen – Proletarier gegen Kapitalisten, das Absonderungsbedürfnis der Angestellten, der Standesdünkel der Akademiker – sind Schemen, Nebengebilde ohne reale Grundlagen (...) a) die Besitzenden (...) Entscheidend für eine wirtschaftliche Machtposition ist heute nicht der Besitz von Kapital (...),sondern der Besitz von Konsumgütern (...) b) die Besitzberaubten (...) Politisch sind diese Besitzberaubten beherrscht von dem Wunsch des Wiederaufbaus des alten Staatsgefüges, kriegsbereit, weil daraus Rückkehr in die alte Heimat, Rente oder Machtposition erhofft wird; sie haben nichts zu verlieren, alles zu gewinnen. c) Die Diensttuenden (...) Auf den Diensttuenden liegt die Verantwortung für den Wiederaufbau. Sie bestimmen politisch, was geschehen soll, für sie muß gebaut werden, ihr Gesicht wird die neue Stadt haben. Das sind Grundlagen, die jede Planung des Wiederaufbaus zu eigen haben muß, will sie nicht an den Tatsachen vorbeigehen. Inventur des Zusammenbruchs und soziale Umschichtung. Darauf bauen sich dann die Wege im einzelnen auf.[51]

Unter dem Titel *„Stimmen zum Neuaufbau deutscher Städte"* sind Beiträge des Hans Scharoun, Berlin, Eugen Blank, Frankfurt und Robert Vorhoelzer, München zusammengefasst.

Scharoun widmet sich unter anderem Fragen der Architektur, Typisierung und Normierung:
Wir wissen, dass auch die Gestaltung der Bauten, die Architektur, von sozialpsychologischer Auswirkung ist. Der Nationalsozialismus bediente sich dieser Tatsache und verlangte z.B. bei der Lösung der Wohnbauten die repräsentative Formgebung, um die

---

[51] BW, 21 - 24

Bedeutungslosigkeit des Individuums, der einzelnen Familie, ge-
genüber dem Primat der staatlichen Einheit zum Ausdruck zu
bringen. Wir meinen, dass der Wohnung, der Hülle der Familie,
auch in der Summierung der Eigenwert zu belassen sei, und dass
die Häufung der Wohnungen von der Einzelwohnung her rhyth-
misch zu beeindrucken ist. Ähnliche Erwägungen setzen sowohl
der Typisierung Grenzen, die bei der Vereinheitlichung der Ender-
zeugnisse durchaus verschiedenartige sachliche Erfordernisse
und auch Geschmacksrichtungen zu beachten hat, als auch der
Normierung. Die Vereinheitlichung der Einzelteile ist meines Er-
achtens abzustimmen mit der Produktionskapazität, d.h. die na-
türliche Grenze wirtschaftlicher Gestaltung ist auch die Grenze
der Produktionsauflage. Sonst würde das Leben mit den dem Le-
ben eigenen Möglichkeiten zugunsten einer Bürokratisierung
vergewaltigt,[52] was dann in der BRD im Gegensatz zur DDR im
geteilten Deutschland nicht der Fall war.

Und dann auf Seite 29, zwischen die laufenden Beiträge gescho-
ben, wird das erste Manifest zur Architektur nach 1945 mit dem
Titel   *Ein Aufruf: Grundsätzliche Forderungen* gezeichnet von
Otto Bartning / Willi Baumeister / Eugen Blanck / Walter Dirks /
Richard Döcker / Egon Eiermann/ Karl Foerster / Richard Ha-
mann/ Gustav Hassenpflug / Otto Haupt / Werner Hebebrand /
Carl Georg Heise /Carl Oskar Jatho / Hans Leistikow /Alfons Leitl
/ Georg Leowald / Rudolf Lodders / Alfred Mahlau / Ewald Ma-
taré / Ludwig Neundörfer / Walter Passarge / Max Pechstein /
Lilly Reich / Paul Renner / Wilhelm Riphahn / Hans Schmitt /
Lambert Schneider / Fritz Schumacher / Rudolf Schwarz / Otto

---

[52] BW, 24 -26

Ernst Schweizer / Hans Schwippert / Max Taut / Heinrich Tessenow / Otto Völckers / Robert Vorhoelzer / Wilhelm Wagenfeld / Hans Warnecke, veröffentlicht:

„Der Zusammenbruch hat die sichtbare Welt unseres Lebens und unserer Arbeit zerstört. Mit einem Gefühl der Befreiung glaubten wir damals, wieder ans Werk gehen zu können. Heute nach zwei Jahren erkennen wir, wie sehr der sichtbare Einsturz nur Ausdruck der geistigen Zerrüttung ist, und könnten in Verzweiflung verharren. Wir sind auf den Grund der Dinge verwiesen, von da aus muß die Aufgabe neu begriffen werden.
Alle Völker der Erde sind vor diese Aufgabe gestellt, für unser Volk entscheidet sich daran Sein und Nicht-Sein. Uns aber, den Schaffenden ist es auf das Gewissen gelegt, die neue sichtbare Welt unseres Lebens und unserer Arbeit zu bauen. In dieser Verantwortung fordern wir:

1.   Die großen Städte müssen beim Aufbau zu einem gegliederten Verband in sich lebensfähiger, überschaubarer Ortsteile werden; die alte Stadtmitte muß neues Leben gewinnen als kulturelles und politisches Herzstück.
2.   Das zerstörte Erbe darf nicht historisch rekonstruiert werden, es kann nur für neue Aufgaben in neuer Form entstehen.
3.   In unseren Landstädten mit ihren alten Bauten und Straßen – letzten sichtbaren Kündern deutscher Geschichte – muß eine lebendige Einheit aus dem alten Gefüge und modernen Wohnquartieren und Industriebauten gefunden werden.
4.   Die völlige Umschichtung verlangt auch für das deutsche Dorf den planmäßigen Aufbau.

5.   *Für Wohnbauten und für unsere öffentlichen Gebäude,*
für Möbel und Gerät suchen wir statt Überspezialisierung oder
kümmerlicher Notform das Einfache und Gültige. Denn nur das
Gütig-Einfache ist vielfältig brauchbar.
Nur der gesammelten Mühe, nur der Arbeit in Werk- und Werk-
stättengemeinschaft kann der Bau gelingen.
Aus dem Geist der Opfer rufen wir alle, die guten Willens sind.[53]

Auf dieses Manifest folgen Texte über das Bauen: Hugo Häring:
„Neues Bauen", Rudolf Lodders: *„Zuflucht im Industriebau"* mit
Abbildungen von Industrieanlagen von Egon Eiermann und Karl
Wilhelm Ochs u.a. und Egon Eiermann *„Einige Bemerkungen*
über Technik und Bauform". Eiermann zeigt sein Architektur-
büro in einer Baracke und das Verwaltungsgebäude eines In-
dustriewerkes, welches in Form, Funktion und Struktur den Typ
des Bürogebäudes der 1960-70 Jahre in der BRD bestimmt.

Fritz Schumacher`s Beitrag *„Zahlengesetz, Norm und Typus"*
widmet sich den Fragen der Normung in kritischer Auseinander-
setzung mit Ernst Neufert und seiner Bauentwurfslehre, die
1936 von Albert Speer gefördert in erster Auflage erscheint und
das Bauen im Dritten Reich beeinflusst. Georg Leowald fragt
ausführlich nach *„Sinn und Grenzen der Normung"*, kritisiert die
„Ideologie" Neufert's als zwanghaft mechanisch, zeigt alternativ
japanische Wohnhäuser und stellt die Block-Wand-Bauweise
Frank Lloyd Wrights vor. Diese Thesen und Gedanken zum Neuaufbau schließen ab in dem Essay *Das Unplanbare* von Rudolf
Schwarz, Text und Titel des letzten Kapitels seines 1949 erschie-

---

[53] BW, 29

nenen Buches *Von der Bebauung der Erde.* Darauf folgt die Grußadresse des Rudolf Steinbach an Rudolf Schwarz zum 50. Geburtstag mit Abbildungen zu dessen Vorschlägen für einen Dom in Milwaukee USA (1932) und den Wiederaufbau der Paulskirche in Frankfurt a.M..

Die Vision des Rudolf Schwarz für den Dom in Milwaukee ist das genaue Gegenteil der finsteren, schweren, bedrohlichen, nationalsozialistischen Scheinarchitektur. Die Innenraumperspektive zeigt eine ca. 62,50 hohe, dreischiffige, lichte, leichte Stützenhalle, von Dach und Wänden membranartig umschlossen als einen leichten, lichten, schwebenden, befreiten, freundlichen, bergenden Raum, einen Mantel aus Licht. Himmel statt Hölle: Die Idee des Himmels tritt hier – um es mit Stephen Spender zu sagen – an die Stelle der Hölle des Dritten Reiches. Ganz abgesehen wird hier in einer Art Umkehrung der Verhältnisse sehr geschickt und diplomatisch gezeigt, dass deutsche Architekten tatsächlich in der Lage sind, einen internationalen Beitrag zu liefern und das gleich für ein Land, das mit seinen moderne Bauten Maßstäbe setzt.

Die das Heft abschließende Frage um den Wiederaufbau der Paulskirche in Frankfurt eröffnet der Herausgeber Alfons Leitl mit seinem Beitrag *„Der politischen Gesinnung des Architekten"* *zwei Briefe / zugleich für Bonatz' siebzigsten Geburtstag,* rechnet mit der alten Architektenriege kritisch ab und stellt die mit dem ersten Heft von *Baukunst und Werkform* eröffnete Diskussion um die *Hitlerianer* und das Neue Bauen auf den Boden der aktuellen Tatsachen: *(...) die Reste alter Bauten stellen in jedem Fall eine besondere Aufgabe.(...) Im Falle der Paulskirche jedoch* *legen die Trümmer selbst einen ganz anderen Weg nahe. Hier drängt alles darauf, eine frei gewordene, größere Raumgestalt zu entfalten. Die mit der Wiederherstellung beauftragte ‚Planungsgemeinschaft Paulskirche' die Architekten Eugen Blank, Johannes Krahn, Gottlob Schaupp und Rudolf Schwarz, hat diesen Ruf aufgenommen.*

Die Bestimmung der Paulskirche als Kongreß- und Kirchenbau bringt neben der Gestaltung des Hauptraumes noch eine Reihe neuer Programmforderungen, die in dem Ausbau des Sockelgeschosses und in einem neu eingezogenen Erdgeschoß erfüllt sind. (...) Der – vorläufige oder endgültige – Verzicht auf das steile Dach wird uns kaum aufregen. Er ist nahe gelegt durch die Baustoffknappheit der Zeit. Es geschieht dabei das gleiche, was alle Zeiten mit größter Selbstverständlichkeit getan haben: Sie lösten sich von Formen, die ihnen nicht wichtig waren oder die sie sich nicht mehr leisten konnten. Bei uns ist leider Letzteres der Fall, so dass wir einen Grund weniger haben, uns über Ersteres zu streiten. Und das ist auch ganz schön.[54]

Hier zeigen sich der neue Ton einer freiheitlichen, offenen Architekturkritik und –auffassung als lebendige Tradition des Neuen Bauens, welche die Entwicklung der modernen Nachkriegsarchitektur in Westdeutschland maßgeblich beeinflusst und grundlegend prägt. Alle Beiträge distanzieren sich von den so genannten *Hitlerianern*, der totalitären Planungs- und Architekturideologie der Nationalsozialisten, dem technisch-mechanischen Prinzip und räumen dem Organischen Vorrang ein. Rudolf Schwarz, erweitert die Themen des Neuen Bauens um Fragen nach dem

---

[54] BW, 101

Unplanbaren und *Unzeitgemäßen*. Für ihn erwächst das Neue Bauen aus den tatsächlichen Lebensbedingungen im offenen Ring um Kultur und Geschichte; denn das Neue ist ungewiss, aber immer das Alte von morgen.

So schließe ich mit Zitaten aus dem Text *Das Unplanbare*:

Die Landesplanung hat den Begriff des Freiflächenplanes erfunden. Das ist eine Landkarte, worin alle Flächen eingetragen sind, die von einer bestimmten Art der Benutzung freigehalten werden sollen. (...) Darum muß dieser Plan Freiräume vorsehen, die er sich selber verbietet, Stellen im Weltbau, wo dem Gedanken der entworfenen Ordnung der Zutritt verwehrt ist, Einbruchsorte des Neuen. Planbar ist der Anfang, der erste Entschluß, diesen Weg zu betreten und den Bereich des Planbaren zu verlassen, um draußen im Ungeplanten das Künftige zu begütigen. Das Feuer selbst kann man nicht entwerfen. (...) Unsere Planung muß die Fremde der Dinge, ihr Rätsel, ihr Schweigen mit einplanen.[55]

1981 schrieb ich:
„Sein anschauliches Denken bedurfte der Landschaften und Bilder, von denen es seinen Weg nahm. Hieraus erklärt sich auch die Entscheidung von Rudolf Schwarz, trotz eines Angebotes, in politisch verworrener Zeit nicht zu emigrieren. Mit der Landschaft seiner Gedanken hätte er auch das Thema seines Denkens verloren. Sicherlich, draußen wäre vieles vielleicht leichter zu meistern gewesen. Daß er sich dennoch entschloß, in Deutsch-

---

[55] BW, 80 - 90

land zu bleiben, dafür danken wir Jüngeren, die wir nachgeboren sind, ihm den Denker und Baumeister.[56]

Ich bin mir damals dieser Zeilen nicht so ganz sicher gewesen, gelten doch die Architekten, die 1933 in Deutschland blieben als „Traditionalisten", Mitläufer oder Sympathisanten des Regimes. Die Nummer 1 der Zeitschrift „Baukunst und Werkform", die ich dann mehr als 20 Jahre später zufällig in einem Antiquariat fand, nahm mir meine Bedenken. Sie ist der Gründungsakt einer freiheitlich demokratischen Architekturauffassung in Westdeutschland, die in den folgenden Jahren die Bonner Republik bis zum Bau des neuen Parlamentsgebäudes (1992–1997) von Günther Behnisch, das die 1949 von Hans Schwippert zum Parlament umgebaute und erweitere Pädagogische Hochschule Bonn ablösen sollte, prägt. Das Neue Bauen vor 1933 und nach 1945 ist ein offenes Ringen um die Kontinuität demokratischer Lebensweise. Anspruch und Wirklichkeit dieser Kontinuität bilden die Tradition der modernen Architektur in Westdeutschland.

---

[56] Rudolf Schwarz, Denker und Baumeister, in: Rudolf Schwarz, Bonn 1981, 8 - 15

57

Die kleine Stadt?

„Perspektive Stadt": Nachhaltige urbane Strategien, neue Lebensstile lautet mein Thema. Was auch immer darunter verstanden werden kann, nachhaltige urbane Strategien und neue Lebensstile sind von der Frage „welche Stadt, welche Perspektive?" herzuleiten:

Meint Perspektive die Zukunft der Stadt? Macht es Sinn, wie es heute üblich geworden ist, verallgemeinernd und normativ über Stadt und Zukunft zu sprechen? Das gilt auch für nachhaltige urbane Strategien und neue Lebensstile. Was wird nicht alles „Stadt" genannt.

Was ist Stadt? Was heißt „Stadt"? Was sagt dieses Wort? Es hat im Laufe seiner Geschichte eine solche Bandbreite möglicher und tatsächlicher Bedeutungen erfahren und bezeichnet derart viele, unterschiedliche Gebilde, dass mit Recht zu fragen ist: welche Stadt ist gemeint? Letztlich ist auch zu fragen: Reicht das Wort „Stadt" hin, gibt es noch „die Stadt", sind all die von Menschen gebauten, heutigen Siedlungsformen mit dem Wort „Stadt" hinreichend und erschöpfend benannt? Stadt war sicherlich als Erfindung des Menschen ein Werkzeug und Mythos.

Von welchem Standortpunkt aus wird welche Stadt perspektivisch betrachtet? Welche Siedlungsstrukturen behindern oder fördern mit ihrem Bau durch Anlage, Substanz und Struktur nachhaltige urbane Strategien? Genügt es, den Bestand zu bewahren – oder ist eine grundsätzlich neue Siedlungsweise notwendig, um künftigen sozialen, wirtschaftlichen, kulturellen, politischen, rechtlichen, hygienischen Aufgaben und neuen Lebensstilen zu entsprechen?

Das andere ist:

Wird heute über „Stadt und Zukunft" gesprochen, dann geht es um die große Stadt. Stadt wird mit Größe gleichgesetzt. Grenzenlos, voll, unüberschaubar, faszinierend, lebendig, innovativ, ungeheuerlich, unerklärbar, nicht zu regieren, einfach geil – so ist sie das Thema für „Urbanisten", die ihre Beiträge mit Titeln wie „Stadt im Umbruch, Stadtumbau Ost, Tatort Stadt, Innere Peripherien, Megalopolis: Berlin zwischen Paris und Moskau, Zwischenstadt, Städte ohne Eigenschaften, Die schrumpfende Stadt, Transit-city, Dot.city, Serve-City, Event-city, usw." verkaufen. Auch wird behauptet, dass Stadt sich selber baue und - nicht mehr zu planen - nur noch zu betexten und zu bebildern sei. Gilt das auch für Städte in Europa als Folge von Vorgängen, die allgemein mit dem Wort „Globalisierung" umschrieben werden? Es bezeichnet die derzeitig weltweit praktizierte und vorherrschende neoliberale Wirtschaftsweise, die bewährte nachhaltige Strukturen zerstört und in Großstädten durch neue Lebensstile ersetzt: Nachhaltige urbane Strategien und neue Lebensstile ein Widerspruch?

Übersehen wird, dass die kleinen Städte bis heute in der Überzahl sind – und mit Blick auf Europa, auf Deutschland und Sachsen-Anhalt – die Mehrzahl der Menschen in kleinen Städten leben. Lebt es sich dort besser? Ist das Leben dort angenehmer und bequemer als in den großen Städten? Wer weiß und wen interessiert das schon. Die Urbanisten schreiben und informieren über alles Mögliche nur nicht über die kleine Stadt. Was gibt es auch über kleine Städte zu berichten. Die kleine Stadt gilt als langweilig, langsam, leise, veraltet, von gestern: Provinz - und wer interessiert sich für Provinzielles? Es gibt kleine Städte mit großen Namen: Weimar zum Beispiel. Das ist eine der Ausnahmen, die wie immer die Regel bestätigen: große Städte sind weltbekannt - kleine Städte unbekannt. Sie scheinen kein Problem zu haben und werden darum nicht wahrgenommen.

Viele Menschen und besonders solche, die nicht das Glück hatten, in geordneten Kleinstädten leben zu können, kritisieren sie, weil sie sich ihre sinnvolle Weiterentwicklung nicht vorstellen, schreibt Alfred Roth 1972 im Vorwort zum Reprint von Heinrich Tessenow *Handwerk und Kleinstadt*, Berlin 1919. Ein kleines Heft, das unter dem Eindruck des 1.Weltkrieges mit folgenden Worten abschließt:

Vielleicht ist es wirklich lächerlich, heute Handwerk und Kleinstadt zu wollen, oder vielleicht, bevor sie wieder blühen können, muss es zuerst noch so etwas wie „Schwefel regnen", ihre nächste Blüte ist vielleicht nur möglich in einer Pracht, die wir heute vielleicht kaum schattenhaft verstehen können und will vielleicht Völker, die durch Höllen gegangen sind.

1945, nach dem 2.Weltkrieg wollte Hubert Hoffmann mit dem Thema *Landschaft* das Bauhaus Dessau wieder eröffnen. Er scheiterte an den neuen Machthabern. Sein Wiederaufbauplan für Dessau - Johannes Kister hat dazu letztes Jahr in der Hochschule vorgetragen - ist dem von Rudolf Schwarz für Köln nicht unähnlich: Polyzentrale Siedlungskerne ordnen sich in Landschaft eingebettet um den zentralen, historischen Stadtkern. Ziel war es, aus zerstörten Industriestädten offene, geordnete

Stadtlandschaften zu bauen. Es kommt anders: Die Industriestadt bleibt das Reform- und Erfolgsmodell eines geteilten Wiederaufbaus, das erst mit der Wiedervereinigung, dem Ab- und Umbau von Industriestandorten in Frage gestellt wird. Allein im Ruhrgebiet werden in nächster Zeit 49 Industriewerke geschlossen, demontiert und nach China verkauft, wie kürzlich der Deutschlandfunk in einem Feature berichtete.

Heute ist die *Schrumpfende Stadt* das Projekt der Zukunft. Es wird als Sensation gemäß dem Motto vermarktet: Nur die schlechte Nachricht ist eine gute Nachricht. So verhält es sich mit der großen und der kleinen Stadt. Dort passiert es, hier passiert nichts. Dort schrumpft die Größe ins Kleine – d.h. ins Unbedeutende, Belanglose. Wenigstens schrumpfen die großen Städte noch. Hier in der kleinen Stadt ändert sich nichts, noch kleiner geht nicht. Bleibt alles beim Alten oder wächst die kleine Stadt? Ist sie die Zukunft, die innere Perspektive der großen Stadt, die einmal klein war, aber sich über ihre Anlage ins Maßlose vergrößerte? Schrumpfen die großen Städte, dann werden sie kleiner, wieder zu Kleinstädten. Das ist vielleicht kränkend für die, die an Größe glaubten und auf Größe hofften. Es geht um das Kleine – und in Zukunft auch darum - im Großen das Kleine wahrzunehmen, es verstehen zu lernen, es zu beobachten und zu beurteilen. Sie bilden ein neu zu schaffendes, räumliches, reales Verhältnis von Mensch und Ding in Raum und Zeit:

Wenn heute nach der Zukunft der Städte in Sachsen-Anhalt gefragt wird, dann ließen sich Antworten auf der Grundlage von Untersuchungen entwickeln, die Städte vor allem nach Anlage und Geschichte unterscheiden, dann ist zu klären: Wann wurde welche Stadt warum von wem für wen wo in welcher Absicht unter welchen Voraussetzungen und mit welchen Bedingungen gebaut?

Jede Stadt hat eine andere Geschichte und eine andere Wuchs-form. Städtebau ist keine Sache der Wissenschaft, sondern der Geschichte, stellt Rudolf Schwarz 1947 in seinen „Gedanken zum Wiederaufbau von Köln" fest. Und Aldo Rossi fordert mit seinem Buch *Die Architektur der Stadt, Skizzen zu einer grundlegenden Theorie des Urbanen,* Mailand 1966, Düsseldorf 1973, vor allen Planungen und Überlegungen eine gründliche Analyse der Sied-lungsstruktur und schließt sein Buch mit folgenden Worten:

Daß die Beziehungen zwischen Mensch und Umwelt so schwer zu identifizieren sind, könnte uns dazu verleiten, nach einem ir-rationalen Faktor zu suchen, auf den das Wachstum einer Stadt zurückzuführen ist. Aber dieses Wachstum ist nichts Irrationale-res als jedes Kunstwerk. Es beruht wohl vor allem auf dem gehei-men und unaufhaltsamen Kollektivwillen. So ergeben sich schließlich nur wenige Anhaltspunkte für die komplexe Struktur der Stadt. Aber vielleicht verhält es sich mit ihr nicht anders als mit den Gesetzen, die das Leben und das Schicksal der einzelnen Menschen bestimmen. Denn obgleich jede menschliche Lebens-geschichte mit der Geburt beginnt und mit dem Tod endet, ver-dient sie doch unser Interesse. Auch die Architektur der Stadt ist, abgesehen von ihrer Bedeutung und von den Empfindungen, die diese Bedeutung in uns auslöst, als „das Menschliche schlecht-hin" das konkrete Zeichen einer solchen Lebensgeschichte.

Mensch, Haus und Stadt vergehen, Leben ist auch als Geschichte wahrzunehmen und zu würdigen. Damals entstand die Methode der behutsamen Stadterneuerung.

Erst wenn im „Schrumpfen" der großen Stadt mehr gesehen wird als das Ende ihres so genannten Wachsens, was oft nichts anderes war als ein brutales Wuchern und eine zerstörerische, anmaßende Aneignung fremder Territorien, dann könnte der Untergang realer Utopien Neues bewirken. Das hieße z.b.:

- „Schrumpfen" als ein Gesundschrumpfen in die „Nachhaltigkeit" zu betreiben;

- den geordneten Rückzug aus den nicht zur Stadt gehörenden, von ihr unberechtigt besetzten und zerstörten Landschaften zu gestalten;

- ein neues Bauen von Stadt und Landschaft im räumlichen Zusammenhang und in Wechselwirkung gegensätzlicher Ergänzungen von städtischen und ländlichen Lebensweisen zu begründen;

- wahre Bedürfnisse wieder zu entfalten;

- Begriff und Form von Stadt und Land in realer Verantwortung von Schöpfung und Existenz aufrechtzuerhalten;

- Regionale Aktionspläne zur nachhaltigen Siedlungsentwicklung zu erarbeiten, im Bund und mit Aktionsplänen der EU-Partner abzustimmen.

Die Stadt war eng, die Landschaft weit. 1949 schreibt Rudolf Schwarz: *Die Großstadt ist flüssig geworden, sie ergießt sich in ihre Landschaft und füllt sie bis zum Rand, Stadt und Landschaft werden eins (...)*, und weiter: *„Jetzt versuchen die Städte, durch Eingemeindung allmählich Stück um Stück ihrer Landschaft zu fressen und gehen dabei über das Maß, in dem Gemeinde sich* *bilden kann. Man sollte die unaufhaltsame Bewegung bejahen. Es sollte keine kreisfreie Stadt und keinen stadtfreien Kreis mehr geben, sondern nur noch die Landschaft, die den Namen der Stadt trägt. Die Stadt bedeckt als ein oberster Zustand die Landschaft mit allem was darin ist, doch das Dorf dringt bis in die Mitte der Stadt vor, die sich in neue Stadtdörfer teilt, ein anderer Zustand der Landschaft – den untersten bilden die Heime.*[58]

Dieser Prozess kehrt sich heute um: Die Landschaft fließt zurück in die Stadt und bestimmt die Stadt. Die Landschaft, in denen Städte liegen, prägen Sachsen-Anhalt und das Selbstverständnis dieser Region. Städte sind Teil der Landschaft, die in Zukunft Städte und Land nach Außen und Innen darstellt.

Forderte Fritz Schumacher in seinem Beitrag *Vom Städtebau zur Landesplanung* die Entwicklung der wachsenden Städte als Landesplanung zu begreifen und *Zukunft* als Endzustand der Entwicklung des ganzen gemeindlichen Gebietes zu verstehen, so wären heute im Interesse der Landesplanung, in Umkehrung dieser Forderung und mit Erreichen des Endzustandes einer wachsenden, industriellen Entwicklung das Verkleinern der Siedlungsgebiete in den Gemeinden zu betreiben, Landschaft zu rekultivieren und zu klären, wo sie in Zukunft endet. Nicht mehr die Stadt wächst in die Landschaft, die Landschaft wächst in die Stadt! Mit der *schrumpfenden Stadt* wird die wachsende Landschaft zur Aufgabe. Trotzdem das Modell der Industriestadt des 20. Jahrhunderts ausgedient hat, wird es von der herrschenden Wirtschaft und Politik immer noch als gültiges Leitbild gewertet, gefördert und restauriert. Das gilt nicht nur für große, sondern

---

[58] Rudolf Schwarz, Von der Bebauung der Erde, 1949

auch für die kleinen Gemeinden, die seit der Wende in der Erwartung wirtschaftlichen Wachstums neue, große Gewerbegebiete anlegten.

Die wirtschaftliche Konkurrenz der Gemeinden untereinander behindert eine sinnvoll geordnete nachhaltige Entwicklung auf Landesebene. Industrie- und Gewerbegebiete sollten künftig im Eigentum des Landes liegen und wirtschaftliche Ansiedlungen dort auf Landesebene im Interesse aller Beteiligten abgestimmt und koordiniert werden. Nachhaltigkeit setzt verantwortliches Handeln in Haus, Gemeinde und Land voraus und hat in Hinblick auf künftige Entwicklungen den Erhalt eines Gemeinwesens zum Ziel. Sie lässt sich ohne ein Planen und Denken nicht erreichen. Das Chaos kennt keine Perspektive. Jede Perspektive setzt geometrische Ordnung voraus. Stadt bauen heißt, sie zu ordnen. Wollte die Moderne des letzten Jahrhunderts die überkommene, alte Stadt ersetzen, so musealisieren die Modernisten von heute die Leistungen dieser Moderne und feiern das Phänomen *Stadt* als Fetisch und Ornament ihrer Texte. Wichtig ist es, sich mit der Stadt und ihrer Tradition in Europa tatsächlich auseinanderzusetzen. Oder anders gesagt: *Stadt* als Begriff und Form nicht ausschließlich als etwas Großes zu denken und zu planen - hier ist auf Paul Zucker und sein Buch *Die Stadt als Form* zu verweisen – sondern die Zukunft der großen Stadt im kleinen Maßstab wahrzunehmen: im kleinen Maßstab nimmt die Nachhaltigkeit Form an. Sie schafft Grundlagen und Maßstäbe für nachhaltige *urbane Strategien und neue Lebensstile* in überschaubaren Lebensbereichen und -weisen.

Das Wort *Lebensstil* hingegen bleibt fragwürdig. Die Frage nach einem neuen Lebensstil erinnert an die Frage der Architekten im 19. Jahrhundert. Sie lautete damals: *In welchem Stil sollen wir bauen?* Sie lautet heute: In welchem Stil sollen wir leben? Nachhaltig, urban und Konsum süchtig, geht das? Das muss gehen, sonst läuft die Wirtschaft nicht – welche Wirtschaft? Schrumpfen hier und Wachsen dort werden durch unkontrolliertes, wildes Wirtschaften in globalen Zusammenhängen und Abhängigkeiten verursacht. Im Schrumpfen bestehender, überholter Wirtschaftsformen liegen die Ansätze für neue, nachhaltige Wirtschaftsweisen auch in Sachsen-Anhalt:

160 Städte Europas haben sich im Juni 2004 anlässlich einer mehrtägigen Konferenz auf der Grundlage der *Charta von Aalborg* zur nachhaltigen Entwicklung verpflichtet und gemeinsame Strategien aufgezeigt. Aus Deutschland sind anfangs nur Hannover mittlerweile aber auch Husum und Heidelberg diesem Städtebund beigetreten. 3 deutsche Städte, 74 italienische Städte, 38 spanische Städte, 6 griechische Städte, 5 britische und schwedische Städte, 4 aus Kosovo, 3 Städte aus Bulgarien, Marokko, 2 aus Dänemark, Finnland, Frankreich, Norwegen und Portugal, 1 Stadt aus Österreich, Belgien, Estland, Lettland, Serbien-Montenegro, Rumänien und Ägypten nehmen teil. Bemerkenswert ist, dass aus Sachsen-Anhalt keine Stadt mitmacht, selbst Dessau nicht, die Stadt der Philanthropen und Reformer, wo die Hochschule Anhalt seit 1992, die fortschrittliche und zukunftsorientierte Stiftung Bauhaus Dessau seit 1994 und das Bundesumweltamt ab Mai 2005 wirken. Das hat politische Ursachen, die hier nicht die Zeit ist zu erörtern: nur, es ist schon bemerkenswert, dass die Landesregierung von Sachsen-Anhalt den nachhaltigen Stadtumbau mit der IBASTADT 2010 einer

Einrichtung überantwortet, die ganz andere Aufgaben hat, und die Fachkompetenz der Hochschule Anhalt nicht beansprucht.

Der Kultusminister dieses Landes bezeichnet die Stiftung Bauhaus Dessau als Leuchtturm. Der Leuchtturm strahlt in die Ferne und lässt das Naheliegende im Dunkeln. Dort im Dunkeln aber liegt die Verantwortung nachhaltiger, urbaner Strategien:

(...) die Horizont-Utopien, die den Aufbruch zur Moderne geprägt haben...(verlieren) ihre Bedeutung. Wer zu oft hinter den Horizont gefahren ist, wird dem Frontier-Mythos von der grenzenlosen Überschreitbarkeit aller Grenzen keinen Glauben mehr schenken. Er muss sich mit einem kleiner werdenden Planeten begnügen, dessen Kugelgestalt jeden Vorwärtsdrang verändernd in sich selbst zurücklaufen lässt, Rekursion, nicht Transgression heißt fortan das Bewegungsgesetz dieser Welt. Es fordert neue Helden, die nicht mehr in die Ferne schweifen, sondern gleichsam wieder zurückgekehrt sind und sich, offenen Auges, auf ein Leben in den gegebenen Abhängigkeiten verstehen." So schreibt Albrecht Koschorke in seinem Beitrag „Rückkehr in die Gegenwart, Ein Nachruf auf den Horizont, NZZ Nr.301, S.45 v. 24.12.2004.

Anders verstanden: Leuchttürme weisen den Weg in den Hafen – in das Eigene, oder aus den Untiefen und Riffen in sichere Gewässer – in das, was wir Menschen *Heimat* nennen. Heimat, dieses gern missbrauchte und missverstandene Wort, bezeichnet die ebenso starke wie heimliche Sehnsucht des Menschen, sich ein zu Hause zu bauen, zuhause anzukommen und zuhause zu sein. Dem überschaubaren, angenehmen Ort gilt seine ganze Empathie: dort erst erfüllt sich das Leben und übersteigt Zustände bloßen Funktionierens. Das Glück wird im Kleinen gesucht und ist dort auch leichter zu finden; denn es bleibt ein politisch schwieriges Unterfangen in großen Städten einen nachhaltigen Lebensstil einzurichten und zu pflegen. Auch hier bieten kleine Städte die besseren Voraussetzungen. Bei Alberti, dem Theologen und großen Architekten der Renaissance, heißt es:

„Eine Stadt ist wie ein Haus und ein Haus wie eine Stadt (...).

So ist das Haus des Menschen seine Stadt und seine Stadt wird ihm zum Haus. Das ist der künftige Maßstab eines stimmigen, nachhaltigen Lebens: Haus, Stadt und Landschaft bilden wieder Orte aus sich erneuernden, räumlichen Lebenseinheiten. Sind, um es mit Heinrich Tessenow zu fragen, *die Entwicklungsgrenzen des Großstädtischen* erreicht? Hier in Sachsen-Anhalt drängt sich dieser Eindruck auf.

„ Vorläufig erscheint es als völlig unsinnig, an die Möglichkeit einer überhaupt ganz neuartigen Siedlungsform zu glauben, also etwa an eine Siedlung, die weder Dorf noch Kleinstadt noch Großstadt wäre.(...) Inwieweit die heutige Welt von dem Werden einer neuartigen Siedlungsform weiß oder wie weit sie wissentlich an ein solches Werk glaubt, ist für das Werden nicht entscheidend.(...) Alle zukunftsorientierten Kulturerneuerungen können immer erst jenseits der endenden Kultur sein; sie können erst wieder sein, nachdem die Natur – vor allem die menschliche Natur – über die endende Kultur siegte und nachdem das menschliche Selbstverständliche – nicht das „irgendwie" Selbstverständliche -, das Edle, das Noble, das, was allein den Menschen berechtigt, sich als menschlich zu bezeichnen, alles besiegte, was in der endenden Kultur dominierte und regierte.

Das Land der Reformen könnte wie schon so oft in seiner Ge-schichte fortschreiten in die Zukunft: *Small is beautiful, a study of economics as if people mattered,* so lautete 1973 das Buch und Plädoyer des E.F.Schumacher für den kleinen Lebensmaß-stab.

Nachhaltigkeit ist ein auf der Grundlage der tatsächlichen, klei-nen Bedürfnisse des Menschen vollzogenes Wirtschaften. Die gegenwärtige Situation in Gesellschaft und Wirtschaft dieses Bundeslandes bietet überraschende, neue Möglichkeiten, diese Grundlagen zu schaffen und durch nachhaltige Strategien sei-nen Bewohner neue Lebensweisen aufzuzeigen.

59

---

[59] Foto vom 14. Dezember 2010: Blick nach Westen über die Bauhaustraße auf das Bauhausgebäude Dessau; rechts der Expo Pavillon der Hochschule Anhalt, den Prof. C.C. Willems mit Studenten als Beitrag zur Expo 2000 in Hannover baute und zum Winterfest auf dem Campus Studenten als Drachen umgestalteten, obwohl das Jahr des Drachens in China erst 2012 gefeiert wurde.

Europäische Rhapsodien

Wir haben uns heute hier in der Aula des historischen Bauhauses versammelt, um den Abschluss Ihres Studiums zu feiern, Ihre Leistungen zu würdigen. (...) Ich spreche zum Thema „europäische Rhapsodien", über das es viel mehr zu sagen gibt als mir an Zeit gewährt ist. Deswegen hier nur einige Anregungen und Gedanken von Tobias Widmaier, Josef Frank und Fritz Schuhmacher, die mir wichtig erscheinen, vorgetragen zu werden. Was ist gemeint? Zu klären ist die Bedeutung der Worte. Was ist eine Rhapsodie?

Eines Nachts vor nicht langer Zeit wurde ich wach und konnte nicht mehr einschlafen. Ich stellte das Radio an und hörte die ARD-Nachtmusik, die dem Thema ‚Rhapsodien' gewidmet war. Anders als Sinfonien für ein großes Orchester, die durch ein einheitliches Thema und seine Variation gekennzeichnet sind, setzen sich Rhapsodien aus wechselnden Themen und Einflüssen zusammen. Als Rhapsodie wird heute eine Komposition für Klavier oder ein kleineres Ensemble bezeichnet wie z.B. George Gershwins populäre „rhapsody in blue", 1924 uraufgeführt und als 'An Experiment in Modern Music' angekündigt. Eine zeitgenössische Variante ist meiner Meinung die „Rapmusik" mit ihren 4 Elementen: Hip-Hop, Grafitti, Break-Dance und DJ-ing, aufgeführt von den „rappern". Der Rapper protestiert heute mit seinem Sprechgesang gegen die verwahrlosten, aussichtslosen Lebensumstände der Jugend in den Ghettos großer Ballungsgebiete. ‚To Rap' heißt ‚durch Klopfen mitteilen'. In dieser Nacht erkannte ich Gemeinsamkeiten von Architektur und Musik jenseits der großen Formate und eingeschränkten Bedeutungen. So fragte ich mich: Bezeichnet dieses Wort ‚Rhapsodie' nicht auch treffend die Experimente derjenigen zeitgenössischer Architekten, welche sich bemühen, die wechselnde Vielfalt unterschiedlicher Themen, Einflüsse und Fragmente im Bestand der sich auflösenden Ansiedlungen zu verbinden? Sind unsere Bauwerke Rhapsodien? Das Wort entstammt dem Griechischen und setzt sich aus dem Stamm der Verben ÿáptein (nähen) und Ödë (Gesang) zusammen und gelangt über das lateinische rapsodia, dem englischen rapsody (um 1616), dem französischen rapsodie seit dem 19. Jahrhundert in den deutschen Kulturkreis.

Nach Tobias Widmaier ist die früheste Quelle der verknüpften Worte ‚Nähen und Singen' der Dichter Pindar, der Vortragssänger von Gedichten in der Art des Homers, die Homeriden, als Sänger (zusammen-)genähter Epen bezeichnet hat. Die Rhapsodie, die in der Antike den musischen Künsten zugehört, ist für Sokrates keine schöpferische Kunst, weil die Rhapsoden lediglich fremde Texte vortragen. Die Rhapsodie, die in der Antike den musischen Künsten zugehört, ist für Sokrates keine schöpferische Kunst, weil die Rhapsoden lediglich fremde Texte vortragen. Die Renaissance übernimmt die Tradition des antiken ‚genähten Gesangs' und den Namen Rhapsodie, die kurz und unausgewogen auch abwertend ein kunstloses Flickwerk und dann ab der ersten Hälfte des 19. Jahrhundert kurze Instrumentalstücke ohne kompositorischen Kunstanspruch vornehmlich für Klavier, aber auch eine Ballade, Capriccio, Fantasie, Potpourri, Suite und Symphonische Dichtung infolge dieser musikalischen Entwicklung bezeichnet. Wie Tobias Widmaier zusammenfasst, werden improvisierte, formal ungebundene, modische Instrumentalkompositionen mit volks- oder populärmusikalischen Verweisen auf unterschiedliche Kulturen ohne die vorgegebenen Formen eines kunstgerechten Komponierens ‚Rapsodien' genannt.[60]

Kann die Ableitung des Begriffes Rhapsodie für die Musik analog für die Architektur gelten? Sind Architekten „Rhapsoden oder Rapper", das heißt Vermittler, Facilty Manager Bewirtschafter, Bauingenieure, Vermesser und Geoinformatiker Vermesser des Vermittelten? Was wird wie für wen wann wo mit welchen Mitteln in welcher Absicht vermittelt? Herkunft und Bedeutung des Wortes „Rhapsodie" stammen aus Europa. Welchen Sinn macht es heute, in einer globalisierten Welt über „europäische Rhapsodien" zu sprechen? Lassen sich heute europäische von z.B. amerikanischen Rhapsodien unterscheiden? Als ich vor fast 10 Jahren New York besuchte, wirkten im Gegensatz zu der umgebenden Bebauung das Seagram Hochhaus von Mies van der Rohe, das PanAm Hochaus von Gropius und Witney Museum von Breuer auf mich europäisch!

Sowohl Theo van Duesberg als auch Josef Frank sprechen von „europäischer Architektur" und nicht vom „international style". Josef Frank, der Wiener Antipode von Adolf Loos, veröffentlicht 1931 in seiner Essaysammlung „Architektur als Symbol / Elemente deutschen neuen Bauens" unter dem Titel ‚Europäische Tradition' folgenden Gedanken:

Die sogenannte christlich-germanische Kultur unseres Zeitalters wird in späteren Tagen leicht mit der antiken zusammen-gefasst

---

[60] Tobias Widmaier, Rhapsodie, in: Handwörterbuch der musikalischen Terminologie, 35, Sommer 2003

werden können, weil sie deren direkte und organische Fortsetzung ist. Die Geschichte der modernen Baukunst wird man etwa im 8. Jahrhundert v. Chr. beginnen, das ist diejenige Zeit, aus der uns die erste dorische Säule ist, mit welcher die anthropomorphe Form der Materie begründet wurde. Die leitenden Gedanken dieser Baukunst haben sich in sehr kurzer Zeit entwickelt und erschöpft, sind sich seither gleich geblieben und sind uns heute so selbstverständlich wie zu ihrer Zeit. Das wird man immer deutlich erkennen, da man sich, was voraussichtlich der Fall sein wird, niemals von der wellenartig anschwellenden Intensität der antiken Tradition wird loslösen können. Gewaltsame, aber aussichtslose Versuche hierzu hat es oft gegeben, und sie haben besonders in der letzten Zeit zugenommen, ich glaube aber nicht, dass sie über Modeerscheinungen hinauskommen werden. Ich verstehe hier unter antiker Tradition nicht die Verwendung von Säulen und Gesimsen und allen andern zeitlichen Formen – die übrigens auch niemals gänzlich verschwinden werden -, sondern das Streben nach organischer Gestaltung des leblosen Materials; diese Tradition wird so lang unsere Kultur beherrschen, so lang für uns der Mensch das Maß aller Dinge ist."[61]

So spreche auch ich über Rhapsodien in Europa – die Rhapsoden und die Rhapsodien vermitteln uns Epen und Bilder menschlichen Lebens, das im alten Griechenland für uns seinen sinnbildlichen Anfang nahm. Dort sind die Quellen des alten und neuen Europas, seine Ideen und Ideale. Imre Kertész sagte dazu im Juni 2007 anlässlich seiner Rede zum Auftakt des Berliner Kongresses Perspektive Europa:

---

[61] Josef Frank, Europäische Tradition, in: Architektur als Symbol – Elemente deutschen Neuen Bauens, Wien 1931, 22

Eine Zivilisation, die ihre Werte nicht deutlich erklärt oder ihre erklärten Werte im Stich läßt, geht den Weg des Verfalls, der Altersschwäche. Dann werden bald andere diese Werte verkünden, und in den Mündern dieser anderen werden sie nicht mehr Werte sein, sondern Vorwände zu eingeschränkter Macht und uneingeschränkter Zerstörung. (...) Wir sind uns selbst überlassen, (...) wir müssen uns unsere Werte selbst schaffen, Tag für Tag, durch jenes ausdauernde, obzwar unsichtbare Werken, das solche Werte schließlich ans Tageslicht bringt und zu einer neuen europäischen Kultur zu weihen vermag. (...) Vergessen wir nicht, daß Europa auch selbst eigentlich aus einem heroischen Entschluß heraus geboren ist: Als Athen sich entschloß, sich den Persern entgegenzustellen.[62]

Hier in Dessau in diesem Hause und auf dem Campus mangelt es an europäischem Bewusstsein und Selbstverständnis. Aus unterschiedlichen Interessen und Motiven einer immer noch geteilten deutschen Identität wird hier der Europagedanke leider immer noch sträflich vernachlässigt. Anstelle einer konkurrierenden Globalisierung sollten wir eine kooperierende Europäisierung der Projekte in Lehre und Forschung suchen und anstreben. Begriffe wie *europäische Stadt* und *europäische Architektur* gelten hier wenig und werden gern missverstanden. Hier regiert der Kulturpessimismus des Schrumpfens den Tag und die Stunde. Das ist ein Unglück für diese Stadt in dieser Zeit. Sie wird abgewickelt – abgerissen - und die Hochschule ist ein sogenannter

---

[62] Imre Kertész, Europas bedrückende Erbschaft, 14.12.2007:
https://www.bpb.de/apuz/31488/europas-bedrueckende-erbschaft
https://www.dw.com/de/perspektive-europa/a-2575608

Tunnelbeschleuniger, der die Absolventen an das andere Ende des Globus befördert. Der Ministerpräsident des Landes Sachsen - Anhalt sagte vor einiger Zeit in einem Interview, dass es für dieses Land keinen Sinn macht, teure Hochschulen zu unterhalten, deren Absolventen außerhalb der Landesgrenzen tätig werden. Das ist Kirchturmdenken und wie denken Sie über Europa, Herr Böhmer?

Das Wort *Europa* stammt ebenso wie das von der *Rhapsodie* aus dem antiken Griechenland. Der Göttervater Zeus entführte Europa, die schöne Königstochter, in die er sich unsterblich verliebte, in der Gestalt eines Stieres aus Asien nach Kreta, und die Griechen bewunderten diese junge Frau so sehr, dass sie ihr Land zu ihrem Gedenken Europa nannten.

Europa zu bauen, das ist unsere künftige Aufgabe. Der Europagedanke und die Europäische Union sind aus den Trümmern des II. Weltkrieges entstanden. Bauen heißt komponieren: ein Fügen und Zusammennähen von Teilen. *Europäische Rhapsodien* sind unsere Versuche, Teile und Bruchstücke der Zerstörungen neu zu verbinden, Sinnzusammenhänge verständlich zu vermitteln, räumlich zu denken und baulich wirksam darzustellen – Komponieren ist nicht nur eine Aufgabe für Musiker, sondern auch für Architekten, Bauingenieure, Facility Manager und Bauingenieure. Europäische Rhapsodie meint aus Eigenem in Europa für Europa aus und mit europäischen Gegebenheiten und Bedingungen Europa bauen.

Architektur und Architekt sind wiederum Worte aus dem antiken Griechenland, die bis heute mit großer Bedeutung aufgeladen sind. Taugen sie noch zur Berufsbezeichnung: macht es noch Sinn all das Gebaute, was uns umgibt als Architektur zu bezeichnen und all diejenigen, die bauen, als Architekten?

Architekten organisieren primäre Prozesse des Bauens – das ist das Herstellen der Bauwerke - ein Facility Manager steuert sekundäre Prozesse, das ist das Bewirtschaften der vorhandenen Produkte. Bauingenieur und Geoinformatiker unterstützen fachlich die primären und sekundären Prozesse. Jede Profession trägt zur ‚Architektur' bei. Architektur, ein umstrittenes Wort und fragwürdiger Begriff.

Fritz Schumacher (1869-1947, Miterbauer des neuen Leipziger Rathauses, Professor in Dresden, Stadtbaurat von Hamburg und Köln) sieht das durchaus kritisch und vermerkt dazu:

Wenn man das Wort ‚Architektur' hört', können die verschiedensten Vorstellungen im Innern auftauchen.
Zunächst wird man wohl an die stolze Kette repräsentativer Glanzleistungen denken, die das Anschauungsmaterial der Kunstgeschichte zu sein pflegen (...). Vergegenwärtigt man sich daneben der Eindrücke, die man etwa beim Durchwandern eines alten Städtchens gehabt hat, so hat das (...) wenig gemein mit jenen Leistungen der ‚offiziellen' Baukunst. Wandert man (...) durch ländliche Gebiete, (...) so blickt man wiederum in eine ganz andere Welt (...) kommt man schließlich in die moderne Großstadt, wo das geschichtlich Gewordene versinkt, und vergegenwärtigt sich (...), welch buntes Gemisch widerstrebend(st)er Erscheinungen in unseren Tagen den Begriff ‚Architektur' ausfüllt, (...) wird es schwer, die innere Einheit zu finden, die alle das in sich verbinden will.

Ehe wir ernstlich danach suchen, können wir uns von einem Stück nicht unerheblichen Ballastes befreien. In unserer Zeit ist das Bauen (...) Sache eines mechanisch arbeitenden Unternehmertums geworden. Zinskästen und Fabrikschuppen (...) geben davon traurige Kunde. Diese Leistungen (...) haben mit Architektur ebensowenig etwas zu tun, wie der Kolportageroman mit Literatur. Die Fragen, die mit ihnen zusammenhängen, bilden ein höchst wichtiges und interessantes Kapitel der Wirtschaftsgeschichte, nicht aber der Architekturgeschichte (...),[63]

um dann festzustellen:

So gibt es für die Kunst des Bauens keine Rezepte, sondern nur Ziele.[64]

Aussagen wie diese treffen sicherlich auch auf unsere Zeit zu – insbesondere für das Bauen aus Trümmern nach 1945 und nach 1989, dem Ende der Teilung Europas.

Wer durch Dessau geht oder fährt, wird wissen, was gemeint ist. Diese Stadt ist durch geschichtliche Brüche gekennzeichnet. Der fortschreitende wirtschaftliche Niedergang und bauliche Verfall vermittelt sich in den Resten unterschiedlichster, vergangener Lebens- und Architekturauffassungen. Unsere Aufgabe ist es, Bruchstücke zu vernähen, Reste zu vermitteln, immer wieder erneut zu versuchen, im modischen Flickwerk journalistischer Rezeptarchitekturen sinnvolle Zusammenhänge - das sind Rhapsodien - für das künftige Leben zu bauen.

---

[63] Fritz Schuhmacher, Bauliches Gestalten, in: Schumacher / Thiersch / Bühlmann / Michel, Handbuch der Architektur, IV. Teil, Architektonische Komposition, Leipzig 1926, 5
[64] Ebd., 53

Das heißt auch, die unverzichtbaren Spuren des Fragmentarischen für unser künftiges Leben jenseits vom sinnentleerten Denkmalkult zu sichern, seine Bedeutung zu erkennen, zu vermitteln und in Wert zu setzen. Das heißt schließlich auch, aktiv und passiv gegen die im Namen eines vermeintlichen Neuen durchgeführten Zerstörung von Lebensgrundlagen in Stadt und Land Widerstand zu üben.

Mit diesen Gedanken möchte ich schließen. Es ist alles gesagt. Die Reflektion des hier Vorgetragenen, ist Ihnen überlassen, auch, wie ein Sisyphus, immer wieder zu versuchen, das „entweder Architektur oder Wirtschaft" in ein „sowohl Architektur als auch Wirtschaft" zu wandeln.

65

Verbauen und Verdrängen

Mein Thema heißt *Verbauen und Verdrängen*. Dazu habe ich neun kurze Stellungnahmen geschrieben. Die Frage *Stadt als Heimat?* ist sehr provokativ, ich habe mich an Gedichte erinnert und an Worte – auf der Suche nach der Bedeutung des Wortes *Heimat*.

1. „Stadt als Heimat?" - Wer und was repräsentiert Heimat?

Die Frage ist nicht was „Stadt" oder „Heimat" für den Bürger ist. Die Frage ist, wer den Diskurs bestimmt, wer festlegt, was sie ist, sein wird, darzustellen hat – wer die öffentliche Meinung lenkt, beherrscht und bildet. Die Frage ist, wer uns die Städte und die Heimat baut, dieses Land für uns und nach außen vertritt – repräsentiert. Ein jeder Deutscher, der sich im Ausland aufhält, repräsentiert stellvertretend für alle anderen Bürger dieses Landes Deutschland und seine Heimat. Das wird den jungen Leuten früh mit auf den Weg gegeben. Europa entsteht nach dem Krieg durch die Menschen, die sich besuchen, austauschen, verständigen, durch Besuche, Begegnungen und Freundschaften über nationale Grenzen hinweg. Wer heute durch Europa fährt, erlebt keine Grenzen mehr. Wo ist die Heimat? Ist sie endlich, räumlich und zeitlich Begrenzt? Wenn sie keinen Ort hat und kein Ding ist, was ist sie dann, flüchtiges und fließendes Bild eines Erinnerns im Vergessen?

2.   „Stadt als Heimat?" - Reflexion statt Sensation

Menschen leben heute in Einkaufsstädten und Heimat ist ein Museum, sie ist in den kriegszerstörten Städten versunken, untergegangen. Heimat sind nach 1945 die Trümmerstädte. Sie ist nur noch ein flüchtiges, verzerrten Abbild im zerbrochenen Spiegel, ein dunkler Schatten, der sich auf die Menschen wirft, ein Stolperstein im Bürgersteig. Sie ist heute jedenfalls unscheinbar, klein geworden - trotz des Getöses der Events und Lärms der Städte um die Heimat.

Der Architekt ist für Reflexionen, nicht für Sensationen zuständig. Diese Maxime stammt von Hans Scharoun. 1989 hat die Welt verändert. In den Städten werden Gebäude, mittlerweile der Nachkriegsarchitektur der 1950-60ziger Jahre, abgerissen und an ihrer Stelle ‚Sensationen im neuen Heimatstil' errichtet. Wohlstand und Luxus täuschen lediglich Heimat vor. Sie ist abgründig, liegt im Abseitigen und macht Angst.

Das Franziskanerkloster in Münster weicht einer Luxuswohnlage mit Namen „In den Klostergärten", der Garten ist die mehrgeschossige Tiefgarage. Die Kirche baut im historischen Stadtzentrum eine neue Bibliothek im Neuen Berliner Stil – die Hauptstadt lässt grüßen – und reißt ein Ensemble unterschiedlicher Gebäude ab. Kirchen werden verkauft, umgenutzt, abgerissen.

Auch in der Hauptstadt Berlin wird Geschichte gemacht und gleichzeitig vernichtet, der Palast der Republik ist abgerissen und der Neubau des Schlosses als historische Rekonstruktion beschlossene Sache.

In Dresden wird nach Jahrzehnten die Frauenkirche aus ihren Trümmern, die Jahrzehnte mahnten, wiederaufgebaut. Das Trümmerfeld war Gedenkstätte und Mahnmal – der Neubau ist eine Touristenattraktion – ganz im Gegensatz zur wieder aufgebauten Frankfurter Paulskirche.

In Dessau wird diskutiert, in welcher Manier die Direktorenvilla des Walter Gropius rekonstruiert werden soll, das über den Fundamenten errichtete eingeschossige Einfamilienhaus mit Satteldach im Heimatstil wird auf jeden Fall abgerissen. Darüber soll eine schwarze Kiste entstehen - der Direktor der Stiftung Bauhaus Dessau, Omar Akbar, ist gegen die Rekonstruktion! Was ist dann Rekonstruktion? Das ist nicht die Frage, die Frage ist die nach der Botschaft der Symbole und der Deutungshoheit. Das ist eine Frage der Macht. Das Bestehende muss neuen Zeichen von Macht weichen.

3.   „Stadt als Heimat?" - Stadtmacher und Macht?

Keine Atempause, Geschichte wird gemacht, es geht voran.[66] Die konstruierte Geschichte ist die neue, künstlich arrangierte Heimat – einem Bühnenbild gleich wird gewachsene Stadt verbaut und Heimat verdrängt.

Ist ein Unglück in der Stadt' heißt ein Gedicht und Gedichtband aus dem Jahre 1962 von Carl Werner:

> *So ist denn die Erde dünn geworden und so ist denn der*
> *Himmel dünn geworden so wie so sind sie dünn*

---

[66] Fehlfarben, Ein Jahr (Es geht voran), 1982

und mürb geworden also legen die Schakale und
die Schinder und die Uhrenträger den alten
Himmel auf die Erde und wiederum den alten
Himmel auf die alte Erde und wiederum und noch
einmal und streichen den Leim zwischen die
Schichten und pressen die Schichten aufeinander
sie bauen Häuser aus den Platten und wohnen
darin und bauen Tore und Torbögen und Gassen
und den Markt und wohnen darin
sie regieren den Tag und die Stunde .... [67]

4.   „Stadt als Heimat?" - Denkmalschutz und Heimat-
     pflege?

Das Bild der Welt vermittelt sich den Menschen durch den Ort,
an dem sie leben: die Welt ist der Ort, an dem wir leben, das
Ortsbild ist unser Bild von der Welt.[68]

„Stadt als Heimat?" Was ist gemeint? Ist mit der Frage die ver-
neinende Gleichsetzung gemeint – im Sinne von „Stadt als Heimat?", das ist schließt sich aus. Die Frage fordert heraus. Architekten sprechen heute nicht gern von und über die Heimat. Das
ist nicht „cool". Lifestyle ist „cool". „Cool" meint frei und ohne
Bindung zu leben, keine Gefühle zu zeigen. Heimat weckt Gefühle, Stimmungen. Kann eine Stadt Heimatgefühle auslösen?
Mit seiner Heimat fühlt sich der Mensch verbunden. Er kennt
Heimweh. Was, wie und wo ist seine Heimat? Wann und warum

---

[67] Carl Werner, Ist ein Unglück in der Stadt, Wiesbaden 1962, 35
[68] Manfred Sundermann, Bauwelt 19, 1979, 784

bekommt er Heimweh? Wann fehlt ihm die Heimat und was bedeutet sie ihm?

Wonach ist gefragt:

- nach der Stadt, die Heimat sein soll oder ist? Aber ist das möglich? Ich meine nicht; denn Stadt wird gebaut, „Heimat" lässt sich nicht bauen. Sie ist unplanbar.

- Der „Städtebauer" plant und legt fest, was, wie, wo gebaut wird. Daraus wird dann Heimat.

- Dann ist zwischen Absicht „Heimat" und Wirkung „Heimat" zu unterscheiden

- Auch können wir uns darauf einigen, die Welt, in der wir Menschen leben, grundsätzlich als unsere „Heimat" zu bezeichnen.

Die Frage ist dann:

- was uns das Wort „Heimat" heute noch bedeutet oder auch wieder bedeuten könnte,

- was alles „Heimat" ist und sein könnte,

- Welche Art von Heimat Stadt ist, war und sein könnte.

- Was an und in Städten Heimat ist.

5. „Stadt als Heimat?" - Stadt und Heimat sind das, was der Fall ist.

Zum einen sind die Worte „Stadt" und „Heimat" vieldeutig. Sie bedeuteten und bezeichnen in wechselnden Zeiten und Umständen anderes, was zu vergleichen und auszuwerten wäre. Zum anderen ist diese Vieldeutigkeit der Umstände und Auslegungen in ihrer Vielfalt ein Grund zu sagen, all das sind Beispiele von Stadt und Heimat in wechselseitiger Bedingtheit. Ganz gleich wie und wo jemand wohnt, er bewohnt seine Heimat. Sie ist ihm gegeben, weil er in ihr und mit ihr wohnt, ob er das nun will oder nicht. Er kann die alte Heimat aufgeben und sich eine neue Heimat suchen. Oft kann er die alte Heimat nicht vergessen. Er wird die Erinnerungen nicht los. So bilden auf dem Land, in der Stadt Wohnung und Wohnumfeld, Haus und Garten, Haus und Straße, die Heimat. Das Wort bezeichnet einen Zustand – nicht Zustände. Es gibt keine „Heimaten" – nur eine oder die Heimat, im Gegensatz zu den vielen Städten und den vielen Menschen, kennt jeder Mensch nur seine Heimat und nicht die des anderen und all diejenigen, die in einer Stadt zusammenwohnen, erleben diese anders. Ein jeder hat seine eigene Heimat. Wird er gefragt, wo er herkommt, dann sagt er gewöhnlich, aus Westfalen oder aus Soest, dort wurde ich geboren, dort ist meine Heimat. Heimat ist vor allem Herkunft. Dann ist Heimat auch Ankunft, Rückkehr, Zuflucht und Schutz in Gefahr. Heimat reicht bis zur nächsten Straßenecke oder bis zum Horizont oder über dieses Hinaus. Heimat kann auch verlassen oder verloren werden, wird jemand aus ihr vertrieben. Jeder hat sein Zuhause in der Heimat, und dieses Gefühl von Heimat trägt ein Mensch in sich und mit sich durch die Stadt, durch die Welt. „Unsere Heimat" ist hingegen ein Ideal oder Ideologie mit dem Ziel, Menschen kollektiv an Gegenden, Stätten und Territorien zu binden. Die Parole „unsere Heimat" kann bekanntlich leicht missbraucht werden. Sehnsüchte verführen. Aber schön ist es auch anderswo, hier bin ich sowieso, heißt es. Heimat ist dann auch auf-gegebenes Schicksal. Wir suchen und sehnen uns auch manch-mal nach Heimat jenseits der bewohnten Heimat. Das

gilt auch für die Stadt. So ist das Heimweh ein Schmerz von er-
littener Differenz zwischen Wunsch und Wirklichkeit und schwer
zu ertragen.

6.   „Stadt als Heimat?" - Zugehörigkeit, Herkunft, Bildung,
       Familie, Freunde, Geborgenheit, Auszug und Rückkehr

Der Mensch trauert um den Verlust von Heimat. In der neuen
Heimat ist vieles anderes und er muss sein Leben neu aufbauen.
Das ist nicht einfach. Als ich neulich abends in Münster die Glo-
cken läuten hörte, da empfand ich ein Gefühl von Heimat, von
Zugehörigkeit und ich erinnerte mich dann wieder in Dessau an
ein Gedicht von Georg Trakl:

Ein Winterabend

Wenn der Schnee ans Fenster fällt,
Lang die Abendglocke läutet,
Vielen ist der Tisch bereitet
Und das Haus ist wohlbestellt.

Mancher auf der Wanderschaft
Kommt ans Tor auf dunklen Pfaden.
Golden blüht der Baum der Gnaden
Aus der Erde kühlem Saft.

Wanderer tritt still herein;
Schmerz versteinerte die Schwelle,
Da erglänzt in reiner Helle
Auf dem Tische Brot und Wein.[69]

Heimat vermag zu trösten, sie ruft und führt in die Ruhe:

---

[69] Georg Trakl, Ein Winterabend (1913)

Heimat ist räumlich, sphärisch. Heimat ist eine Aura, ein Ton, ein Geräusch, ein Blick, eine Erinnerung, eine Begegnung, ein Licht. All das kann im Menschen Heimatgefühle auslösen. Heimat ist Bestandteil der psychischen Befindlichkeiten von Menschen und Kultur. Sie wird gepflegt, bewahrt und entwickelt. Kümmert sich der Mensch nicht um seine Heimat, hat er keine Heimat, dann ist er bedroht und gefährdet. Die Heimat ist ein unveräußerliches Gut. Sie kann weder gekauft noch künstlich angelegt werden. Sie ist geschenkt. Wim Wenders erzählt in seinen Filmen viel über die verlorene und wieder gefundene Heimat. „Meine Heimat ist kein Ort, es sind die Menschen" heißt es, wenn ich mich recht erinnere in „Alice in den Städten". In dem Film verliert sich ein Journalist in den urbanen Wüsten Nordamerikas, um schließlich den Weg zurückzufinden und sich mit Hilfe eines Kindes mit seiner ungeliebten Heimat, mit sich, zu versöhnen. Auch Odysseus kehrt nach langer Reise nach Hause zurück. Die Ilias ist ein Epos über die Heimat. Hierüber erzählt auch das Lied ‚Hänschen klein"

Hänschen klein
Ging allein
In die weite Welt hinein.
Stock und Hut
Steht ihm gut,
Ist gar wohlgemut.
Doch die Mutter weinet sehr,
Hat ja nun kein Hänschen mehr!
„Wünsch dir Glück!"
Sagt ihr Blick,
„Kehr' nur bald zurück!"
Sieben Jahr

Trüb und klar
Hänschen in der Fremde war.
Da besinnt
Sich das Kind,
Eilt nach Haus geschwind.
Doch nun ist's kein Hänschen mehr.
Nein, ein großer Hans ist er.
Braun gebrannt
Stirn und Hand.
Wird er wohl erkannt?
Eins, zwei, drei
Geh'n vorbei,
Wissen nicht, wer das wohl sei.
Schwester spricht:
„Welch Gesicht?"
Kennt den Bruder nicht.
Kommt daher die Mutter sein,
Schaut ihm kaum ins Aug hinein,
Ruft sie schon:
„Hans, mein Sohn!
Grüß dich Gott, mein Sohn![70]

Hier ist die Heimat das Zuhause, die Mutter.

Wenn (sie) die Stadt in Ordnung ist, wird die Stadt zum Liebes-
objekt ihrer Bürger. Sie ist ein Ausdruck einer kollektiven, Gene-
rationen umspannenden Gestaltungs- und Lebenskraft; sie be-
sitzt eine Jugend, unzerstörbarer als die der Geschlechter, ein Al-
ter, das länger dauert als das der Einzelnen, die hier aufwachsen.
Die Stadt wird zur tröstlichen Umhüllung in Stunden der Ver-
zweiflung und zur strahlenden Szenerie in festlichen Tagen. (...)

---

[70] (O. Frömmel [1899] zugeschrieben)

*die Stadt repräsentiert in einer Vielzahl ihrer Funktionen eine äl-
tere als die väterliche Welt. In ihren großen Exempeln ist unver-
hüllt eine Muttergeliebte. Ein Wesen, dem man verfallen ist, von
dem man nicht loskommen kann; man bleibt ewig ihr Kind oder
ihr zärtlicher Besucher.*[71]

Demzufolge symbolisiert im Lied „Hänschen klein" die Mutter
die Stadt, welche Hänschen verlässt, um sich in die Welt aufzu-
machen und in die er, nachdem er zum Mann gereift ist, freudig
als Hans zurückkehrt. Aber wer singt heute noch „Hänschen
klein" oder liest wieder Alexander Mitscherlich?

Ohne ein Gefühl für Heimat werden Städte verbaut. Bauen heißt
auch fühlen, Gefühle kennen, zulassen und nicht verdrängen.
Das setzt voraus, Menschen zuzuhören.

7.   „Stadt als Heimat?" - eine Geschichte erzählen.

Viele zeitgenössische Architekten betätigen sich heute als Statt-
halter einer bürgerfeindlichen Investorenpolitik und haben
wohlmöglich den Faden verloren. Viele der gegenwärtigen Pro-
jektentwicklungen wirken leer, hohl, als wären sie nicht für
Menschen gebaut.

Den Faden aufnehmen, heißt:

Geschichte annehmen, den Schatten jagen. Die Geschichte ist
unser Schatten. Wir werden sie nicht los.

---

[71] Alexander Mitscherlich, Die Unwirtlichkeit unserer Städte, Anstiftung
zum Unfrieden, Frankfurt 1969, 31

Erzähle...

Auf der neuen Seite, mit dem neuen Haus setzt sich die Geschichte fort. Wer sie schreibt oder liest, hat den roten Faden und haben wir den Faden verloren, dann blättern wir zurück auf eine alte Seite, um wieder zu wissen, worum es in der Geschichte geht. Die Seite lasen wir schon einmal und lesen sie wieder, holen sie wieder. Etwas zu wiederholen wird heute als ein kopieren, zitieren oder simulieren verstanden. Es kann auch bedeuten: etwas ins Leben zurückzuholen oder von jemandem wiederzuholen: zum Beispiel den verlorenen Faden der Geschichte aus den alten, bereits gelesenen Seiten, zum Beispiel den Ball auf das Spielfeld, von jemandem das ausgeliehene Fahrrad. Wir holen uns das wieder, was wir aus den Augen, aus dem Sinn, verloren oder uns zugehört. Das ist dann ein Zurückholen. Wiederholen wir, holen wir etwas wieder oder etwas zurück - die alten Seiten oder Zeiten? Der Schatten ist Form und die Schrift der Schatten unserer Worte. Ein jedes Ding wirft seinen Schatten. Er fällt von ihm ab auf den Boden. Er ist flächig. Er wandelt sich im Licht. Er wird selten beachtet. Er ist einfach da, macht kleine Dinge groß und große Dinge klein. Er ist unser ständiger Begleiter. Er eilt uns voraus, er folgt uns, wir werden ihn nicht los. Er ist unsere Geschichte. Er zeigt uns verkürzt, verlängert, verzerrt. Er ist unser stilles Abbild. Wir sehen unseren Schatten, nicht uns. Wir fragen uns, wer wir sind. Es heißt, das Neue tritt aus dem Schatten des Alten. Es löst sich aus dem Schatten des Alten. Es ist mehr als sein Schatten. Es wirft seinen eigenen Schatten. So kommt das Neue aus dem Schatten des Alten in das Licht und aus seinem Schatten wieder ein Neues.

8.   „Stadt als Heimat?" - Verstehen lernen

Zitieren — Interpretieren — Transformieren:

Im Oktober dieses Jahres gab ich den Studenten die Aufgabe, folgenden Satz auszulegen und in ihr Verständnis zu übertragen:

Zitieren:

Das Gebaute ist nur Zeichen der Übermacht des gegenwärtig Allgemeinen, es kann die Funktion der Vermittlung zwischen Bewusstsein und Unbewusstem nicht mehr erfüllen. Dann aber trägt die Architektur zur inneren Verarmung der Subjekte bei, denn deren innere Differenziertheit ist eine Funktion der aufgegebenen, als Erinnerungsspuren zurückgebliebenen Objektbesetzungen.[72]

Interpretieren:

Gebaute:	*Erschaffenes, Bauwerk*
Zeichen:	*Symbol, Merkmal*
Übermacht:	*Überlegenheit*
Funktion:	*Zweck, Rolle, Aufgabe, Part*
Bewusstsein:	*Wahrnehmung, Verdeutlichung, Erkenntnis*
Unbewusstem:	*Gefühltes, von selbst, unwillkürlich, instinktiv*
Innere Verarmung:	*Verelendung, Pauperismus*
Subjekt:	*Mensch, Individuum*
Differenziertheit:	*Einzelheit, Vielfalt, Abwechslung*

---

[72] Klaus Horn, Zweckrationalität, in der modernen Architektur, Zur Ideologiekritik des Funktionalismus, in: Architektur als Ideologie, Frankfurt 1969,

Objektbesetzungen:	*Wendung von Libido auf eine Person,*
	die früheste Objektbesetzung gilt in der
	Regel dem Menschen, der ein Kind vor-
	wiegend betreut. (Mutterbindung)

Transformieren:

Das Bauwerk wird nur noch als Symbol der Überlegenheit einzel-
ner Firmen oder Personen gegenüber anderen genutzt; der
Zweck, die Wahrnehmung mit dem Gefühlten in Verbindung zu
bringen, kann nicht mehr erfüllt werden. Durch den überdimen-
sionierten Baustil wird jedoch die Verelendung der menschlichen
Seele vorangetrieben, weil die Möglichkeit, sich mit dem Objekt
zu identifizieren, schwindet und (der Mensch) nur noch Statist in
einer übermenschlichen Gesamtkomposition ist.[73]

9.   „Stadt als Heimat?" - künftige Orte des kollektiven Ge-
        dächtnisses

„Heimatstil" ist nicht die Antwort. Die Frage dieses Symposiums
„Stadt als Heimat?" führt weiter in die Fragen „Stadt und Heimat, eine Differenz?" „Welche Stadt, wessen Heimat?" „Welche
Heimat, wessen Stadt?" Stadt, wie weiter oben erläutert wurde, ist Substanz, Objekt, Heimat hingegen ein Gefühl. Menschen
fühlen sich in bestimmten Situationen geborgener, wohler, si-
cherer und mehr anerkannt als in anderen. So wäre in Zukunft
zu untersuchen und zu beachten, welche Siedlungsstrukturen
dem Menschen entsprechen und ihm angemessen sind, wenn
es das erklärte Ziel ist, dass das Objekt „Stadt" im Subjekt

---

[73] Katharina Huch, 22.10.2008, Architekturtheorie Hochschule Anhalt

Gefühle von Heimat auslöst: Heimatgefühle, Heimweh nicht. Dass diese Aufgabe heute eine über die regionalen Grenzen hinausweisende, europäische Herausforderung ist und zur Bildung eines europäischen, kollektiven Gedächtnisses (Marcel Mauss) beitragen kann, das zeigen Sequenzen des Projektes „Checkpoint Charly.Berlin" zum Thema „Architektur und Fiktion", welches Architekturstudenten der École Nationale d'Architecture Superieure de Nantes zusammen mit Studenten der Hochschule Anhalt im Winter 2007/8 bearbeiteten.

74

74 Fotos vom 24. Mai 2015: Blickachse über den Park auf den 1822 nachträglich vor den Saalbau der Kirche St. Batholomäi (1725) in Dessau-Waldersee gesetzten Turm und Obelisken, das Mausoleum des Fürstenpaars.

95

Hinweise

Das Bild auf dem Buchumschlag zeigt inmitten einer öffentlichen Parkanlage das Luisium in Dessau.[75] Ein Landhaus, das 1771-1778 samt Park, Wirtschaftsgebäuden und Nutzgärten Fürst Leopold Friedrich Franz III. von Anhalt-Dessau (1740-1817) für seine Frau Luise (1750-1811) mit seinem Freund und Baumeister Friedrich Wilhelm von Erdmannsdorff (1736-1800) errichtet. Von diesem Kleinod europäischer Baukunst und des deutschen Palladianismus spannt sich ein Bogen über die Mulde und Stadt aus dem Morgenlicht im Osten ins Abendlicht im Westen jenseits des Bahnhofs zum historischen Bauhaus und von dort zurück ins Luisium. Über den Park des Luisium führt eine Blickachse auf den 1822 nachträglich vor den Saalbau der Kirche St. Batholomäi (1725) in Dessau-Waldersee gesetzten Turm und Obelisken, das Mausoleum des Fürstenpaars.

Die *Dessauer Vorträge* stammen aus meiner Zeit von Oktober 1992 bis April 2013 als Professor im Studiengang Architektur an Hochschule Anhalt am Bauhaus Dessau.

Den Essay *Mechanische Stadt?* verfasse ich im Zuge eines Seminars (2001) über den Pionier und Erfinder Hugo Junkers.[76]

---

[75] Foto vom 24. Mai 2015: Blick von Süden auf die Gartenseite des Luisiums mit drei Fensterachsen wie die entgegengesetzte Eingangs- und Nordseite, von wo drei Blickachsen in die weiten Elbauen führen. Die West- und Ostseite des Pavillons haben 4 Fensterachsen.

[76] Manfred Sundermann (Hg.), Junkers.Dessau - Mechanische Stadt?, Dessau 2002, 153 - 167

Über *Trümmer und Kontinuität? Rudolf Schwarz und die Wieder-aufbaudebatte 1947* spreche ich im Untergeschoss der kath. Heilig Geist Kirche (1961) von Herbert Rimpl auf Einladung von Thilo Hilpert anlässlich des von ihm ausgerichteten und durchgeführten internationalen Symposiums *Modern Architecture in Postwar Europe* am 12. November 2005. Die Veröffentlichung der Bauwelt Fundamente 125 *Die Städte himmeloffen – Reden und Reflexionen über den Wiederaufbau des Untergegangenen und die Wiederkehr des Neuen Bauens 1948/49, ein unverstellter Rückblick* (2003), ist mir damals entgangen. Merkwürdigerweise erwähnt Ulrich Conrads dort nicht das Gründungsheft von *Baukunst und Werkform, Erstes Heft – Ein Querschnitt*, aus 1947.

Über *Die kleine Stadt* trage ich anlässlich des Symposiums *Perspektive Stadt* am 01. Februar 2005 in der Aula des Bauhauses in Dessau vor.

Europäische Rhapsodien ist meine Festrede am 13. Juli 2007 im Rahmen der Verleihung der Abschlusszeugnisse an Absolventen der Hochschule Anhalt in der Aula des Bauhauses Dessau.

Über das *Verdrängen und Verbauen*[77] spreche ich anlässlich des Symposiums „Stadt als Heimat?" des *Essener Forums Baukommunikation* am 30. Oktober 2008 in der Waschkaue der ehemaligen Zeche Graf Bismarck in Gelsenkirchen.

Dort heißt es:
Menschen leben heute in Einkaufsstädten und Heimat ist ein Museum, sie ist in den kriegszerstörten Städten versunken, untergegangen. Heimat sind nach 1945 die Trümmerstädte. Sie ist

---

[77] J. Alexander Schmidt, Reinhard Jammers, Stadt als Heimat?, Essen 2009, 90 - 101

nur noch ein flüchtiges, verzerrten Abbild im zerbrochenen Spiegel, ein dunkler Schatten, der sich auf die Menschen wirft, ein Stolperstein im Bürgersteig. Sie ist heute jedenfalls unscheinbar, klein geworden - trotz des Getöses der Events und Lärms der Städte um die Heimat.[78]

Es ist wohl die Stille des unscheinbar Kleinen, die den Weg weist aus dem Lärm des vermeintlich Großen.

---

[78] 82